誰が「橋下徹」をつくったか

大阪都構想とメディアの迷走

松本創

140B

目次

大阪市役所5階の通路は橋下の"専用スタジオ"。ここからあらゆる発信が行われた。
（2013年5月30日撮影）

〈見る、とはこういうことだ。自分の眼で見、自分の心で捉える。そして自分の内部から発せられる言葉で語る――それが取材者として見るということだ。……「報道するとは何か?」という問いかけと無縁な取材者はどこまで行っても彼らの内なる退廃に気づかないのである〉

――萩元晴彦、村木良彦、今野勉『お前はただの現在にすぎない　テレビになにが可能か』

誰が「橋下徹」をつくったか

プロローグ　維新の残り火

不機嫌そうに爆《は》ぜる残り火を見ているようだった。

壇上に並ぶ火種の男2人は、「純化路線」という名の撤退戦にあって威勢だけはよい。彼らの言葉を聞くために集まった者たちは盛んに空気を送り込み、なんとか再び大きく炎を燃え立たせようとする。この8年近く、お互いに欠かせぬ存在であった両者は、それぞれの思惑で反攻を目指すものの、かつての火勢を取り戻せるかどうかはまだわからない——。

2015年10月1日、午後6時過ぎ。大阪・中之島のリーガロイヤルホテルで、国政政党「おおさか維新の会」の結党と、11月22日投開票の大阪府知事・市長ダブル選挙の立候補者を正式発表する記者会見が行われていた。

壇上には、4年前にダブル選を仕掛け、大阪の二つの自治体トップに就いた橋下徹・大阪市長と松井一郎・大阪府知事。地域政党「大阪維新の会」の代表と幹事長であり、自分たちが作った国政政党「維新の党」を8月終わりに離党している。会見の途中から、この日午前中に衆議院議員を辞したばかりの吉村洋文が加わった。昨年12月の総選挙で比例復活により初当選を果たしてまだ1年にも満たないが、政界引退を表明している橋下に後継指名され、市長選への出馬が決まった。府知事選は松井が2期目を目指す。

維新の動きや政策は、橋下が着火源の〝種火〟だとすれば、松井は〝おが屑〟のような役割を果たす。つまり、党内調整や他党との交渉を仕切って火を広げる役回りだ。そこへ空気を送り、さらに燃え広がらせるのがマスメディア、主に在阪の新聞・テレビである。

大阪市役所から土佐堀川沿いに歩いて約15分、中之島の西端に近いこのホテルは、高度経済成長真っ只中の1965年に開業してちょうど半世紀、前身の新大阪ホテルから数えれば80周年になる。かつての大阪経済の繁栄を象徴する「迎賓館」と呼ばれる場所で、橋下はたびたび政治家人生の節目を迎えてきた。

3年前、初めて国政へ進出した「日本維新の会」の盛大な旗揚げパーティー。4か月半前の5月17日には、いわゆる「大阪都構想」の住民投票直後に記者会見を行った。僅差での否決を受け、不自然なまでの笑顔で政界引退を宣言した、あの〝ノーサイド会見〟である。その1か月後の6月に自身の後援会パーティーであらためて政界引退を表明したものの、9月には大阪維新の会の「感謝祭」と称する政治資金パーティーを開き、都構想の「第2ステージ」を宣言している。いずれも同ホテルの高層棟3階にある豪奢な大宴会場であったが、それらに比べると、この日の会見場は別棟の2階にあって規模も小さく、記者席も60席ほどに絞られていた。

開始20分前の午後5時40分に到着すると、記者席はすでに埋まり、私はロープで仕切られた後方のカメラマン用スペースでメモを取りながら立って見るしかなかった。席にあぶれた記者は多数おり、それは仕方ないのだが、質問の機会が与えられないのは痛かった。一つだけ聞いておきたいことがあったのだ。

都構想はなぜ否決されたと橋下自身は総括しているのか――。

杜撰な制度設計か、強引すぎた話の進め方か。あるいは、何も問題はなかったが、橋下嫌いのメディアや市民に妨害されたと考えているのか。住民投票直後の会見では「僕自身に対する批判、僕自身の力不足」と自分の問題に帰して、いかにも潔い感じの一言で終わらせ、以降、定例会見でも、ツイッターでも、敗因を具体的に省みる言葉はない。

にもかかわらず、住民投票前には「最初で最後のチャンス」「何度もやるものではない。1回限り」と繰り返し明言していた都構想を再び持ち出してきた。理由は、都構想反対の中心だった自民党大阪府連が提唱した大阪府・市と堺市による「大阪戦略調整会議（大阪会議）」が、「まるで機能しないポンコツだから」だという。7月の初会合から、その位置づけをめぐって――大阪会議は都構想の対案か否か――不毛な対立に持ち込み、会議を紛糾させたのは橋下と松井なのだが、それこそが維新の戦略だとみられている。「話し合いでは何も解決しない」「やはり都構想で府と市を一本化するしかない」と主張するための。住民投票後の会見で「終わればノーサイド。否決という結論が出た以上、大阪市を存続させていくという方向でみんながまとまっていけばいい」と語った、あの言葉は何だったのか……。

だが、橋下の会見では報道陣からそういう指摘はほとんど出ない。ごくたまに出ても、詭弁と多弁で煙に巻かれるか、逆質問でやり込められる。そして、そうしたやり取りはまず報道には反映されない。橋下の発した威勢のいい、わかりやすい言葉だけが切り取られ、常に何かと闘っている「改革者」のイメージが広まってゆく。

「おおさか維新」結党会見の光景

この日の会見もいつも通り、橋下ペースで進んでいった。

「現・維新の党が、偽物の維新になってしまいましたから、もう一度、本物の維新を作る必要がある。正式に国会議員を集めにかかりますので、維新の党とは激しい政治闘争になる」

冒頭から挑発的な物言い。記者たちの質問は「どこがどう偽物か、もう少し説明を」に始まり、新党の名称の理由、橋下は引退後どう関わるのか、将来の政界復帰はないのか、安倍政権へのスタンス、合流する議員数や分党協議の見通し、綱領に謳う「副首都」とは、ダブル選で橋下はどう動くか……等々、橋下と松井が設定した土俵の上の、いわゆる政局の話に終始し、2人は「自分たちこそ真の改革政党だ」と存分にアピールする。

政界復帰の可能性について、橋下は「いったん私人になれば、その後の生活は国民に約束する話ではない。自由にさせてもらう」と、9月にツイッターで言い始めた独自の論理を繰り返した。報道の定型句で言えば、「将来の復帰に含みを持たせた」ということになるが――菅義偉・内閣官房長官の強い要請もあり、すでに来年（2016年）7月の参院選出馬の意思を固めたという情報もある――彼は5月の会見で「僕の人生から政治家は終了」とはっきり言っているのである。松井にしても、住民投票前には「都構想が否決されたら政治家としては失格。いつまでもしがみつくのはおかしいと覚悟している」と明言しているのだが、そのことへの疑問も出ない。

会見も終盤になって、ようやく私の聞きたいことに近い質疑があった。

「ダブル選で大阪都構想の再挑戦について問うと言うが、その大義は。松井さんは大阪会議で腹が立ったと言っているが、とはいえ住民投票から半年で、もう1回問うことについて住民にどう理解を得るのか」

読売新聞の記者の質問に、橋下は5分間も費やして、こんなふうに語った。

「報道もわかってくれてるところは、日経なんかはだいぶん修正がかかってきたんですが、単純な再挑戦じゃないですから。決めるのは住民投票だと（13年の）堺市長選挙の時にも話をしてたんだけれども、メディアの理解が足りなくて、都構想の是非を問う選挙になってしまった。今問うてるのは、都構想の議論をもう完全になしにするか、それとも議論は継続するかという話なんです。で、いいかどうかの話は最後の住民投票ですよ。イエス・ノーはね。

東京都制もでき上がるまで長年かかっている。じゃあなんで、5月17日に焦って住民投票なんかやったんだと言われますけども、僕らは法定協議会を作って、全部フルオープンにして議論をやってきた。そこで自民、民主、公明、共産はもうハナから都構想反対で、まったく中身の議論に応じなかったわけですよ。だから、維新の会が単独で設計図をまとめて、われわれの任期中の間に1回、信を問うということで住民投票をやりました。

何もない無から有を作り上げようと思ったら、一歩一歩形を見せていかないと議論なんかできませんから。あのまんま住民投票をやらずに法定協議会をずっと続けていっても、みなさんの新聞社の社説と同じように延々議論だけ。結論出さずにずっと100年かかっても議論だけになってしまうわけです。われわれ政治家っていうのは、実行してなんぼ、結果出してなんぼですから。で、なんとかあそこまで持ち込みました。

ただ、やっぱりあの都構想の設計図では不十分だという有権者の判断が下ったのでね、それは真摯に受け止めて、柳本（顕・自民党市長候補）さんたちが言ってた大阪会議ができるんだったら、じゃあそれでやりましょうよと、われわれは賛成したんですよ」

この後も長々と続くのだが、まるで要領を得ない。ようやく出てきた結論らしきものは「大阪会議が気に入らないから」という、松井と同じことでしかなかったが、それではまったく答えになっていない。住民投票での否決は「あの設計図では不十分」ではなく「都構想の議論をもう完全になしにする」意思表示と受け止めるべきだと思うが――でないと、パターンB、パターンCと延々住民投票を繰り返すことになる――そこをすり替え、自分たちの側の問題は何一つ省みないまま、メディアが悪い、反対した他党が悪いとだけ言っている。

詭弁と多弁で煙に巻き、自らの責任は決して認めず、他者を攻撃することでしか主張できない「橋下論法」の典型だった。これに記者たちはうんざりし、あるいは丸め込まれ、「こんなこと聞いてもしょうがない」「言いたいことを言わせておけばいい」となってゆくらしい。

会見で橋下は「金が欲しい、名前が欲しいと（維新の党が）言うなら全部くれてやったらいい」と啖呵を切ってみせたが、ほどなく、政党助成金の受け取りや新党に同調する〝大阪系〟議員の処分をめぐる争いが表面化。橋下は連日、維新の党幹部に対する憎悪に満ちた言葉をツイッターに書き込んだ。10月24日には大阪系の議員らが集まって「臨時党大会」を開き、一方的に維新の党の〝解党〟を決議。橋下側が同党の松野頼久代表に対する刑事告訴をちらつかせると、松野も対抗する構えを見せるなど、泥沼の分裂騒ぎに陥っている。

前身の日本維新の会を立ち上げる時には「公開討論会」と称して、互いの考えがいかに近いかを報道陣の前でアピールした両者である。橋下や松井ら大阪維新の会のメンバーと、合流希望の松野（当時は民主党）をはじめ衆参国会議員7人が向かい合う〝お見合い〟は、ただただ退屈な長時間の茶番劇だったが、橋下の国政進出というニュースバリューだけで400人を超す報道陣が集まった。それから3年あまり、今度は分裂劇を追ってメディアは奔走し、連日の批判合戦をさも大きなニュースであるかのように報じる。

鎮火しかかっていた残り火は、こうしてまたじわじわと勢いを増してゆく。

「橋下徹」を取り巻く空気の正体とは

この8年近く、大阪を空疎な熱狂と不毛な対立で煽り、混乱と停滞に陥れた「橋下現象」を考える時、さまざまなアプローチがあると思う。

1980年代の中曽根康弘内閣あたりから続く新自由主義的「改革」――「民間では考えられない」と連呼し、「公共サービスの民営化・合理化や資産売却を唱える――の文脈で読む人もいれば、「右傾化」という言葉で表される国家主義やパターナリズムの台頭と関連付ける人もいる。ポピュリズムやファシズム、反知性主義といった大衆社会論の中で語られることも多いし、大阪都構想に限れば、地方行政や大都市制度への問題提起という側面もある。

私の領域であるノンフィクションの王道で行けば人物論になるのだろう。なぜ、あのような人物が生まれてきたのか、そのルーツを追う、というような（それをやろうとして失敗した『週刊朝日』問題については第3章で触れる）。そこには、金銭や人脈をめぐるスキャンダルなども含まれてくるのかもしれない。

そうしたさまざまな「橋下徹論」から刺激とヒントを受けつつも、これは徹頭徹尾メディアの問題である、と私は考えてきた。橋下徹という人物自体よりも、彼を取り巻く空気の正体に関心があった。なぜ彼があれほど持て囃され、いくら暴言・暴論や嘘を吐いても、その割に実績らしい実績がなくても、人気が持続してきたのか。そこのところがなんとなくわかるようで、わからなかった。それで、彼を取り巻く空気の代表である在阪メディアの関係者を訪ね歩いてきた。

なんとなくわかるような気がした理由は二つある。

一つは、私が彼と同い年で、80年代半ばから90年代にかけて同じようなメディア状況に囲まれていたことだ。テレビの全盛期を経験した世代である。よく指摘される故・やしきたかじんや島田紳助とのつながりも、もちろん大きいのだろうが、彼の主張や価値観、言論のスタイルは、タレント弁護士になる以前の一視聴者だった時代のメディア、主にテレビの言葉に根っこがあるような印象を受ける。そして、橋下の登場時、最前線で取材したのは彼や私と同世代の記者たちであり、その多くは現在、新聞社やテレビ局のデスクやキャップ（取材現場の責任者）になっている。

もう一つは、自分が新聞記者だった経験に照らしてのことである。２０００年代の初め、行政や政治取材を担当していた頃、小泉純一郎ブームがあった。私が在籍したのは神戸新聞という地方紙であり、政治家や政党を取材する記者の中では一番下っ端だったが、それでもあの熱狂ぶりは伝播してきた。「痛みを伴う改革」「改革なくして成長なし」といったフレーズを、内実もよくわからないまま生半可に理解し、強く支持はしないまでも、深く問うことはなく定型的な記事を書いていた、という後悔がある。

おそらく同じことが繰り返されているのであろうことはわかる。だが、この8年の大阪のメディア状況を見ていると、あの空気はさらに濃縮され、事態はより深刻化したように感じる。小泉ブームから私たちは何も学べなかったのだろうか。

やはり橋下や私と同世代の在阪局ディレクターは言った。

「何か一つのきっかけでこうなったわけじゃないと思うんです。みんな自分が与えられた目の前の仕事に一生懸命取り組んでいるつもり。その結果として、橋下氏のような権力側からも、世論からも反発を受けないように忖度する報道になっていく。戦前の空気というのは、たぶんこんな感じだったんでしょうね」

空気をまとった「テレビ政治家」は、どのようにして生まれてきたのか——。

メディア関係者や橋下と対峙した人びとの証言、彼のことを報じた記事や番組、そして、折々に足を運んできた記者会見から、橋下徹とメディアの8年間を検証するのが本書の目的である。

第1章　一体化するメディア

最年少知事を生んだ大阪の土壌

疾風怒濤の日々は意外とあっさり幕を開けた。

2008年1月27日、午後8時の投票締め切りと同時に、在阪テレビ各局は「大阪府知事選で橋下徹氏が当選確実」のテロップを流した。38歳、最年少知事(当時)の誕生である。

「2万%ない」と出馬を完全否定したのを1週間でひるがえし、自民党大阪府連推薦・公明党大阪府本部の支持を受けて立候補した選挙戦の序盤から、当選はほぼ確実視されていた。民主、社民、国民新の各党推薦を受け、「安定・安心」「本格派」を看板にした大阪大学大学院の元教授、熊谷貞俊(当時63歳)も、共産党推薦の弁護士で2回目の府知事選だった梅田章二(当時57歳)も、相手ではなかった。

投票率は、過去最低だった前回を8・46ポイント上回る48・95%。有効投票総数約339万票のうち、橋下は54%に当たる183万2857票を取った。次点の熊谷に対してほぼダブルスコアの圧勝だった。

知名度、若さ、勢い、巧みな弁舌、イメージ戦略、親しみやすさ。「政策の中身以前の、個人の魅力ですべてにおいてまさっていた」と選挙戦を取材した記者たちは振り返る。

テレビのバラエティー番組で顔を見ない日はない、茶髪に色付き眼鏡の異色弁護士。建前やきれいごとや権威を嫌い、過激な〝本音〟をぶっちゃけるキャラクター。それが時に行き過ぎて暴言や問題発言となり、抗議や反発を招く危なっかしさ。立候補を機に髪の色や服装はおとなしくなったが、弁舌の鋭さは変わらない。「大阪府は破産会社同然」「机を蹴り飛ばす勢いで府庁を変える」「汗をかかない人は去ってもらって構わない」と、役所や公務員を敵に回して挑みかかるような歯切れのよさは、テレビでおなじみのタレントイメージそのままで、とりわけ無党派層を強く引き付けた。「何をやるかわからないが、何かをやってくれそう」「役所を変えれば大阪が変わる」という漠然とした期待感は、記者たちの間にもあったという。そこには、「大きなニュースのネタができた」という職業意識から来る高揚感も含まれていた。

投開票の翌日、在阪の新聞各紙は橋下圧勝のニュースを大展開した。28日の朝刊社会面にはこんな見出しが躍った。

〈型破りキャラ　独走／勢い・PR力　府民期待〉（朝日）
〈橋下流　圧勝トライ／「大阪再生」政党色薄め訴え〉（読売）
〈未知数に行列180万票／橋下さん「一から立て直す」〉（毎日）
〈〝破産〟立て直しトライ／テレビ番組はしご　東国原知事と「共演」〉（産経）

橋下のテレビでのイメージ、高校時代のラグビー経験、出演番組や発言をもじって、その人となりや圧勝ぶりを伝える、選挙紙面としては平均的なものだが、報道はここから日を追って過熱してゆく。

朝日新聞は「風雲　最年少知事誕生」、毎日新聞は「橋下ウォッチ」というカットを作って関連記事を目立たせ、読売新聞は「38歳知事」のドキュメント風連載を始めている。

産経新聞では「橋下日記」が始まった。府政担当の記者たちが密着し、その日その日の動静を分刻みで細かく報じるコーナー。新聞の政治面などによくある首相動静になぞらえたものだ。

「あれだけ話題性と知名度のある首長だから、読者の関心も高い。2月に正式に就任すれば他紙も同じようなことをやってくるだろう。先にやられるのは嫌だから、じゃあうちは先手を打って当選翌日からやろうという話になったんです」

当時、産経新聞大阪社会部デスクだった皆川豪志が振り返る。関西の優れた報道に贈られる「坂田記念ジャーナリズム賞」を記者時代に3年連続で受賞し、大阪ジャーナリズムを代表する書き手だった皆川は現在、大阪を離れ、産経新聞出版の社長として東京にいる。

「橋下氏の一挙手一投足、何を言ったか、どういう政策をやろうとしているかで、抜いた・抜かれたの競争が始まって、現場には高揚感とともに緊張感があった。他社との競争は新聞記者の常だけど、橋下ネタで抜かれたらダメージは大きい。政治というより社会現象になってましたからね。小泉（純一郎・元首相）ブームの時も報道が過熱したと言われますけど、大阪から見れば遠い国政の話。取材は東京の政治部が中心だし、紙面上でも政治報道の範囲に収まっていたと思う。選挙が終わっても連日、一面や社会面で大きく取り上げるなんていうのは、あの橋下氏の時が初めてだったと思いますね」

そうなった背景には、大阪のメディア状況があったと皆川は考えている。

「大阪の新聞やテレビには政治部がないでしょう。政治部の記者だと他党とのバランスも考えるし、もっと政治家を突き放して、冷めた目で見ると思うんですよ。だけど大阪は、地元の政治・行政ネタから事件や裁判、教育や街ダネまですべて社会部が担う。大阪ジャーナリズムというのは、大阪読売の黒田（清）軍団の時代から基本的に社会部系です。庶民に寄り添うというか、反権威・反権力みたいなね。

だから、橋下氏のように役所を相手に戦うとか、税金の無駄遣いや不祥事は許さないと言って出てきた人にわーっと期待が集まる。あの当時の大阪の役所は（職員厚遇問題や太田房江前知事の政治資金問題、赤字隠しなど）不祥事続き。経済にしても文化にしても、すべてが地盤沈下して閉塞感に覆われていましたから、一つ一つの政策がどうとかいうよりも、とにかくこの状況を打破してほしい、何でもいいから変えてほしいという漠然たる期待があった。それは報じる記者にしてもそうでね。だって役所の不祥事ばかり書いててもしょうがないわけです。

まあ、簡単に言ってしまえば面白かったんですよ。彼の存在自体がね」

同じ指摘をするメディア関係者は多い。

たとえば、朝日新聞社が発行する雑誌『Ｊｏｕｒｎａｌｉｓｍ』２０１２年７月号に掲載された橋下番記者座談会で、読売新聞大阪社会部の曽根文朗記者は、〝橋下現象〟について「郵政選挙で小泉自民党が勝ち、政権交代を期待されて民主党が支持を集めたのと同じで、大阪だからどうというのはあまりない」と分析する一方で、大阪特有のメディア事情を語っている。

〈大阪は在阪放送局がそれぞれ番組をつくり、新聞社も大阪に本社を置いて独自の紙面をつくっている。でも東京と違って政治部もないし、国会とか中央官庁はあまり取材対象にならない。その中で、もともと大阪府知事や大阪市長がニュースになる頻度は、ほかの知事や市長より相対的に多いんです。

そこに橋下さんが登場した。大阪市長に転身してからは特に、各社とも大量の記者を投入してウォッチしている。こういう態勢がとれるのも大阪だからだと思います〉

このあたりの感覚は、私自身よくわかる。近畿から中国・四国までを抱える全国紙の大阪本社よりもはるかに狭い、兵庫県一県の地方紙である神戸新聞で行政を担当していた身からすれば、「自分のところの首長」が重要な取材対象となるのは当然のことだ。

橋下とよく比較される小泉ブームに関しては、２００１年の自民党総裁選や参院選において「小泉旋風」や「小泉劇場」といわれた熱気に巻き込まれ、その政策や目指すところがあまりよく見えないまま、とにかく風が吹いている、すごい人気であると「社会現象」としての記事を書いていた記憶がある。それまでの「民意」と乖離した自民党派閥政治の閉塞感を打破し、「よい方向に変わるかもしれない」という期待を確たる根拠もなく抱いてしまったのも事実である。今思えば、記者としての見通しの甘さだっただろうし、世の中の空気に感応して動く「社会部」的な感覚であったかもしれない。

橋下現象が、私が地方紙の下っ端記者としてわずかばかり経験したのとは比較にならないほど猛烈な勢いで在阪メディアの記者たちを巻き込んでいったのであろうことは、だからよく理解できるし、それ自体をただちに批判する立場にはない。

「2万%ない」発言が残した禍根

今あらためて橋下当選時の新聞各紙を眺めてみれば、熱狂一色ではない、どこか突き放したようなトーンの記事も散見される。いくら人気があると言っても、しょせんテレビタレントだろうと冷めた視線で、「お手並み拝見」と斜めに構えるような。

たとえば朝日は、橋下に殺到したメディアの過熱ぶりを報じている。深夜から早朝にかけて在阪メディア14社の個別取材、午前6時前からテレビとラジオに生出演、7時から9時にかけて東京の民放キー局も含めたニュースやワイドショーの中継……当選後24時間で約40社の取材を受ける、とある。知事選出馬を後押しした関西芸能界の大物、やしきたかじんから届いた大きな鯛を掲げて万歳を繰り返したこと、東京の芸能事務所「タイタン」の社員で、漫才コンビ「爆笑問題」のマネージャーでもある劉昇一郎が選挙統括本部長としてイメージ戦略やメディア対応を仕切ったことにも触れている。芸能界とのつながり、タレントらしいメディア利用が大きな勝因であったと伝えているわけだ。一方で、1面の解説記事では

〈橋下氏は選挙中、「政治演説は来た人が聴きたいことに合わせて話すもの」と語ったことがある。歯切れの良さや心地良さだけで済む時期は終わった。やるべきことは大阪府の信用回復であり、大阪再生に向けた具体的な処方箋の提示だ〉

と注文を付け、バランスを取っている。

毎日も1面に〈「テレビ受け」より工程表〉との見出しで社会部長の署名記事を載せ、

〈「政治家・橋下徹」の言葉はタレント時代とは重みが違う。（中略）単なる「テレビ受け」志向は、危険である〉

と釘を刺した。夕刊では〈TV主義　不和の芽〉と、より批判的な見出しで、その場その場の雰囲

気で発言する橋下に陣営の府議らが振り回された様子を書いている。「手鏡を持ち歩き、常にどう見られるのかを意識している」と揶揄するようなくだりもあった。

産経新聞デスクだった皆川が同紙の連載をまとめた書籍『橋下徹研究』の冒頭に書いた一文が、その距離感の理由をよく説明している。

〈〝近親憎悪〟とでもいうのだろうか。新聞記者、それも年齢層が上にいけばいくほどテレビをあまり見ないという人が多い。「チャラチャラしている」「ばかばかしい」…。民放の報道バラエティーのような番組は特にそうで、「ろくに取材もしてないくせに」などと、つい悪態をついてしまう。

だから「橋下徹」というコメンテーターが大阪府知事選への立候補を明らかにしたとき、編集局内の空気は妙に冷めていた。テレビで名を売り、テレビに育てられ、テレビで政治や社会を語る。そんなテレビの申し子のような男が大阪を変えるのだという。しかも見た目は茶髪でチャラチャラしている。この男とどう〝距離感〟をとっていくべきなのか〉

こうした新聞記者に共通の心理に加え、何ごともテレビを優先する橋下への反発が現場の記者たちの間にはあったようだ。特に不興を買ったのが、「2万%ない」発言をめぐる経緯だった。実際には出馬の意思を固め、水面下で調整していたのに橋下は全面否定してみせた。理由は「収録済みのテレビ番組がある」、つまりはテレビ局への配慮だった。

「(出馬は)あり得ないでしょ。もうオンエア日確定しちゃってますもん。番組とばすことになっちゃいますからね。何%でもいいですよ。2万%でも。あり得ないです」

カメラの前でここまで言い切ったにもかかわらず、1週間後に橋下はあっさりひるがえす。しかも、出馬会見の第一声はテレビ局関係者に迷惑をかけたという謝罪だった。悪びれない態度にカチンときたのだろう、新聞記者からは責めるような質問が飛んだ。

「先週は確信犯的にうそをついたのか?」

「発言が二転三転しており、会見もテレビ局などへの内向きな内容で、言葉の軽さもあると思うが、府民に対してどう説明する」

「テレビ関係者に迷惑をかけたと言ったが、不出馬宣言を信じた府民に対しては?」

これらに対する橋下の答えには、後々さまざまな追及や不都合を切り抜けていく「橋下論法」とも言うべき、詭弁術の片鱗がすでに見て取れる。

「内向きとの話が出ましたけども、すべての仕事をほっぽり出して出馬することを府民が納得できるかどうか」

「二転三転したのは手続き上のことであって、調整がつくまで出馬できないと言うのは間違いではない。二転三転というより1回変えただけ。大阪を変えたいという思いに変わりはないです」

「信用できないと言われれば、そこは有権者の判断。発言を覆すぐらい大阪を変えたいという気持ちが強いことをアピールし、説明していきたい」

内輪受けの「政治部」ごっこ

最年少知事の誕生に高揚しながらも、タレント政治家への懐疑から一定の距離を保とうとした新聞に対し、一も二もなく橋下人気に乗ったのがテレビ、それも「身内」であるバラエティー畑の番組やタレントたちだった。

橋下当選の翌日、爆笑問題の太田光と田中裕二はラジオ番組で、選挙を取り仕切ったのが自分たちのマネージャーであることをネタにはしゃいだトークを繰り広げ、

「いやあ、でも今ほんとに何が起こってんだか、私も頭の中で整理できてないですね」（太田）

「俺も現実かなって思う時があるんですよ、確かに」（田中）

と興奮冷めやらぬ口調で語り合っている。

無邪気にはしゃいだのは在阪テレビ局も同じだった。橋下の2代前には、漫才師の横山ノック府知事時代があったが（1995年4月～99年12月）、それよりはるかに若く、つい昨日まで売れっ子タレントであった橋下の知事就任は、自分たちの勝利でもあり、力の証明でもあったのだろう。各局が競うように、手放しで応援するスタンスで橋下の動向を追いかけてゆく。

橋下がレギュラー出演していた『たかじんのそこまで言って委員会』があり、出馬表明の記者会見を生中継した読売テレビ（YTV）がその典型だが、橋下報道のスタイルを作った番組として今もよくメディア関係者の口に上るのが、毎日放送（MBS）の『ちちんぷいぷい』。99年に始まり今も続く、昼間から夕方にかけてのワイド情報番組である。

この番組の中で同局の山中真アナウンサーは、橋下の初登庁となった08年2月6日から自宅マンション前で出勤するところを待ち構え、短いやり取りをしては「けさの橋下さん」というコーナーで毎日流した。これが、橋下にとって重要な発信の場となる登庁時の囲み取材（ぶら下がり）に発展していったとされる。

それから7年と3か月が経った2015年5月18日。大阪都構想が住民投票で否決された翌日の同番組内で山中は当時のことを振り返り、橋下の政界引退宣言を惜しんだ。

「その頃、僕はもう政治のこともまったくわかりませんし、ほんとにお友達になれたらいいなという感覚で（笑）行っていまして。『今日のネクタイは誰が選んだんですか』とかそういう質問をしても答えてくださる。それが始まりでしたね」

「そこでちょこちょこニュースになる発言をしてくれるようになって、他社さんもだんだん集まってきた。当時、記者クラブの記者さんには、毎朝話を聞きに行くという考え自体がなかったんですよ。定例会見だけで聞けばいいという感じで」

毎朝の取材を続けるうち、山中は「ちちんぷいぷい政治部キャップ」という設定となり、日々の囲み取材でも府庁担当の記者に先駆けて質問の口火を切るようになっていく。番組内の「ごっこ」が現実の取材の場をリードする形になったわけだ。

囲み取材がどう始まり、変遷していったかは第4章で詳述するが、いずれにせよ在阪局の橋下報道は、その始まりからバラエティー番組的な色合いを否応なく帯び、無視できない影響力を持っていた。

橋下自身がその種の番組のコメンテーター出身だったこともあるが、より構造的な背景として、報道局が作るニュース番組と、制作局が担当する情報バラエティー番組の垣根が低くなり、違いが見えにくくなってきたこの20年あまりのテレビの事情がある。「ニュースのバラエティー化」「バラエティーのニュース化」と言われる流れである。

当時の番組事情を知るMBS関係者は言う。

「ニュースを扱うことに関しては、記者クラブで日々取材をしている報道局に対するある種の負い目が制作局にはあったんです。現場で直接取材しているのはあくまで報道の記者で、制作はその素材を二次的に使用しているに過ぎないので。ところが、『ちちんぷいぷい政治部』と称して突撃取材をやってみたら、意外とできてしまった。絶大な橋下人気もあってコーナー視聴率が目に見えて上がった。それで、自分たちにもできるんだ、政治ネタを扱ってもいいんだと自信になり、単純に盛り上がってしまったというのはあるでしょうね。

視聴者もまた、そういう〝わちゃわちゃ感〟というのか、番組内の盛り上がりを楽しんでいたと思うんです。記者ではなく、政治取材の素人である若手アナウンサーが、府庁だけでなく時には新幹線の駅まで橋下氏を追いかけて、誰と会うんだ、どんな話をしたんだと聞く。独自取材で集めたネタや批判的な視点があるわけじゃないので何か大事なことを引き出せるわけもないんですけど、とにかく現場に行って、なんか一生懸命わちゃわちゃやってる感じだけは画面から伝わる。まあ内輪受けなんですけども、それこそが求められていた面はあると思います。報道の人間は苦々しく見ていたかもしれませんが……」

内輪受け。彼の話を聞きながら、重要なキーワードかもしれないと私は思った。橋下とテレビ局の身内意識。報道局に対抗する制作局の身内意識。番組と視聴者の身内意識。そういう内輪の論理が重なって「われらが橋下さん」像ができ上がり、客観的な検証・論評や批判ができない空気が醸成されていったのではないか。

「あの番組はもともと、かつてのワイドショーのようなゴシップや批判はやめて、視聴者にやさしい情報番組を作ろうというコンセプトですから、権力者に対峙するというより、人気者を応援するスタンスに自然となったんでしょうね。スタジオにいる芸人やタレントさんも人気商売ですから政治的な発言はしないし、ましてや高い支持率を誇る橋下氏に辛口のコメントはしにくい。彼を後押ししたたかじん氏や島田紳助氏との関係もあったでしょう。今もそうですが、VTRが流れている間、顔を伏せて表情を映されないようにする人もいます。

そういう状況が相まって、結果的に番組が彼の拡声器になってしまった。そこは反省しないといけないと今となっては思いますけども、当時の盛り上がりの中でそんなことを考える人間は局内にいなかったんじゃないでしょうか」

なにもこの番組だけ、MBSだけに限った話ではない。同じような「反省」を複数のテレビ局関係者から聞いている。ただ、「ニュースのバラエティー化」「バラエティーのニュース化」の流れは今後も止まりそうもない。そして今や、どの局においても制作局が報道局を飲み込みつつあるという。

「理由はコストです。報道局は大勢の記者を抱え、取材に経費を使うばかりですが、制作局はスポンサーとの結びつきが強いし、扱う情報もグルメやレジャーや買い物情報といった、いわゆるパブリシティ（宣伝広告記事）の類が多い。要はお金が稼げるセクションなんです。ニュース番組だと1分ニュースにしかならないVTRを、コメンテーターがわいわいしゃべって話を広げれば3分に引き延ばせるからコスト効率もいい。リーマン・ショック以降、どこのテレビ局でもコスト削減は至上命題になってますからね」

自民党の勉強会で「マスコミを懲らしめるのは広告料収入をなくすのが一番」と発言して批判を浴

びた議員がいた。その言葉通り、経済の論理がジャーナリズムを飲み込み、その精神を殺そうとしている、ということなのだろうか。

バトルは計算ずくか直情か

テレビの制作局系に限らず、橋下の知事就任初期、特に大阪都構想を言い出すまでの約2年間を肯定的に振り返るメディア関係者は多い。府財政再建のためのコストカット、職員の意識改革、教育行政への問題提起、国に対して地方分権を迫る姿勢……。「問題や矛盾点を見つけ、クローズアップして争点化するのが上手い。パフォーマンスだけでなく、実際かなり勉強もしていた」と府政キャップを務めたある民放のベテラン記者は言う。

記者クラブとの関係も良い意味で緊張感があった、という。読売テレビの府政担当を長く務めたアナウンサーの野村明大《めいだい》は、橋下が就任会見で「記者会見は戦場。くだらない質問をした記者は論破する」とメディアに〝宣戦布告〟したことを局の公式ブログに綴っている。

〈各社の新聞・テレビの記者も曲りなりにも「プロ」。知事のこの挑発に対し、記者たちは「矛盾点」や「おかしな府政運営」、「疑問符がつく政治姿勢」があれば見逃してなるものか……と闘志を燃え上がらせたものです。（中略）橋下知事とメディアとの攻防はまさしく「戦場」でした〉

〈各社の記者が疑問に感じたことを次々と、知事に直接、ぶつけます。受ける知事は1人ですが、攻める「記者側」は約20社40人。記者の「攻め」に対し弁論では当代一と自他共に認める橋下知事（弁護士）も一歩もひきません。知事は、他の政治家と違い、台本なし、全アドリブ（自分のことば）で記者

の質問攻めに対し一つ一つ、防戦します〉（『野村明大の徒然なる道』2009年4月23日）

同じ時期を知る先のベテラン記者は言う。

「一方的に主張するだけじゃなく、こちらに『どう思いますか』と意見を求めてくることもよくあった。納得すれば自分の考えを修正する柔軟性、対等に議論する姿勢があったんです。弁舌はもちろん達者でしたけど、意外と常識的なこと、特に文化方面のことを知らなかったりね。ある時、メセナ（企業の文化芸術支援）という言葉が記者から出たら、『それ何ですか？』と聞き返したこともありましたよ。だけど報道陣の受け止め方は、そんなことも知らないのか……じゃなくて、知らないことは臆せず知らないと言える〝潔さ〟と好意的だったと思う」

そんな橋下と地元メディアの関係を物語る一件が09年4月9日にあった。国直轄事業の地方負担金をめぐる全国知事会と国土交通大臣らとの意見交換会である。

テレビカメラの撮影は冒頭のみというルールに怒った橋下は開会直前に突然退席。階下まで追いすがる報道陣に「国と地方のあり方が大きく変わる重要な問題。僕はこの場にかけていた。フルオープンで議論できないのはおかしい」と不満をぶちまけた。しかし、取り囲む番記者たちに「大臣に直接訴える貴重な機会」「今の話をあの場ですればよいのでは」と口々に説得されると、「頭にきちゃったんでね……謝ってきます」と素直に聞き入れて踵を返し、会場に戻ると「大臣に無礼なことをした」と深々と詫びて見せたのだった。

この騒ぎで会議は結局、全面公開となっていた。騒ぎの一部始終が大きく報じられることで、橋下は「国に対して恐れず物を言う改革派知事」と同時に「潔く過ちを認めて詫びる好青年」の姿を世間に印象づけ、さらに記者たちに対しても「自分たちの進言を受け入れて重要な判断をする政治家」という身内意識、この場にいた記者から聞いた言葉で言えば「同志的連帯感」を抱かせることに成功したのだった。

計算ずくなのか、直情的行動なのかはわからない。だが、この種のパフォーマンスでメディアや視聴者を味方につけ、事態を動かした例はこの時期、枚挙に暇がない。

国直轄事業の負担金に関しては、有名な「ぼったくりバー」発言があった。「（大阪の）新地の請求書でもこんなひどいのはないですよ。こんなぼったくりバーみたいな請求書で、普通だったら店は廃業になる。文句を言わない地方側も悪い。完全に催眠術にかけられてるんですよ」と、政府の委員に向かって問題の請求書を掲げて見せる。

全国学力テストの市町村別データ公開をめぐって、慎重姿勢の市町村教委を「クソ教育委員会」とラジオの公開生放送で批判し、翌日には「おかんに怒られたのでもう言わない」と反省してみせる。かと思えば数か月後、同じ問題で今度は「文科省はバカだ」と攻撃する。

知事就任まもない08年4月の「涙の訴え」も語り草になった。自ら取りまとめた財政再建プログラム試案を説明する席で、府下の市長・町村長から猛反発を浴びると、橋下は「ぜひ大阪を立ち直らせたい。いま一度ご協力をお願いします」と感極まったように声を詰まらせ、涙を流した。テレビでその模様が流れると、橋下を批判した市長たちへの抗議が殺到した。ある在阪局のキャスターは「就任直後は彼の手腕に疑いも持っていたけど、あの涙を見た時に本気だなと感じましたね」と私の取材に語っている。

敵を作ってバトルを仕掛けるのが橋下流、とは当時から散々言い古されてきたことだが、そのバトルはフルオープンで、できればライブで、強大な権力・権威や既得権益集団に立ち向かう構図でやらなければ意味がない。だからテレビカメラに橋下はこだわった。その狙いとするところを自ら繰り返し語っている。たとえば08年12月、産経新聞のインタビュー。

「僕はテレビから出てきた人間ですから、府民は視聴者だと考えていた。だから目の前の役所組織とか、業者とかじゃなく、府民にどう映るか、そこだけを重視した」

就任3日目のテレビ出演から見えたもの

橋下の府知事時代、ニュース番組を統括していた在阪局幹部は述懐する。

「彼は、停滞する大阪に彗星のように現れたローカルヒーローだったんでしょう。バトルや言動は刺激的で確かに面白かった。でもそれだけじゃない。発言や指摘がちゃんと本質を突いていて、一般の視聴者だけでなく、メディアの中にいる人間も共感させた。だから、彼の登場で大阪がよくなるという夢をみんなが見たんです。少なくとも当時はね」

ただ、大衆の圧倒的な支持を得たローカルヒーローの切っ先が他ならぬ自分たちに向かった時、メディアはなす術もなかった。

橋下は知事就任3日目の08年2月8日に早くもテレビ局相手にバトルを仕掛けている。相手はNHK。関西ローカルの討論番組『かんさい特集』でのことだ。

この日、橋下は朝から夕方まで東京で、石原慎太郎・都知事（当時）をはじめ、省庁や国会議員のもとを就任挨拶に回っていた。大阪に戻り、スタジオに入ったのは夜8時頃。生放送の番組はすでに始まっていた。遅れて到着したところ、司会の藤井彩子アナウンサー（橋下の北野高校の同級生だった）が「橋下知事、およそ30分の遅刻で到着されました」と冗談めかして紹介した。これが気に障った。橋下は「いや、遅刻と言ってもこちらの責任じゃない」と気色ばみ、以後、アナウンサーからの質問にはあからさまに不機嫌な表情で、まともに答えたくないというような返答に終始した。

やはり大阪市長に当選してまもなかった平松邦夫や、後に大阪都構想をともに推進することになる上山信一・慶応大学教授——この時が初対面だった橋下と上山はすぐに意気投合。橋下は2か月後、上山を特別顧問に起用する——ら同席した出演者に対しては低姿勢で、にこやかに受け答えし、なんとか番組は進んでいったものの、橋下の怒りは収まっていなかった。

司会者が、橋下が急遽組み直させた府の暫定予算の人件費削減に話を向けると、

「決まっていた予算をひっくり返して、わずか4日、5日で決めたことですからね。みなさん簡単に夢がないとか希望がないとか言いますけど、それがいったいどういうことか。NHKのインサイダー問題だって（内部調査に）どれだけかかってるんですか」

と質問の答えから外れ、ついには

「僕がなんかNHKにものすごく感情的になってると思われてるかもわかりませんけど、遅刻したのは僕の責任じゃないので。僕はあらかじめ（放送開始の）時間には来られませんよってことは散々言ってたんですからね」

と不満をぶちまけた。

そして翌日、あらためて報道陣の前でNHK批判を繰り広げる。いわく、東京での挨拶回りを切り上げてでも番組に出ろとNHK側が強硬に言ってきた。出るのが義務、公務だと。東京のスタジオからの中継でもいいからと言うのを断って新幹線に乗ったら職員が同乗してついてきた、と経緯を暴露したあげく、

「黙っていてもお金が入ってくる組織というのはこんなものなのかと思いました。民間の企業では考えられない態度。府庁での取材は受けますが、今後（NHKの）スタジオには一切行きません」

と宣言したのだった。

この出演拒否は結局、13年7月の参院選前に開かれた討論番組出演まで5年半近く続く。橋下の弁によれば、その前年の衆議院総選挙前にNHKから謝罪の手紙があり、解決したのだというが、それにしても長い。

当時たまたま番組を見ていた私は、女性アナウンサーの軽い物言いに原因はあると思いつつ、なぜそこまで橋下が喧嘩腰になるのか理解できなかった。少々異様な感じがした。だが今となっては、怒りのきっかけ、攻撃の相手、論理展開、解決までの経緯など、実に橋下らしいと感じる。知事就任からしばらくは基本的に良好だったメディアとの関係が変わっていく、その予兆がここに表れていたような気がするのだ。

民放とは違う、公共放送という「権威」。黙っていてもお金が入ってくる「既得権益」。その巨大組織が自分に指図したり、生放送の中で責任を問うたりするような言い方をしてきたこと。しかも、それが女性であったこと。そうしたことの一つ一つが橋下の気に障ったと同時に、自らの「権威に屈せ

ず闘う姿勢」を見せつけるには格好の機会だと、瞬時に、本能的に判断したのではないか。

実は、橋下が不在だった番組冒頭の30分間は、関西テレビの『ムハハnoたかじん』という番組と重なっており、そちらではすでに収録済みだった橋下の出演VTRが流れていた。恩人であるやしきたかじんの番組に配慮して最初から遅刻して行くつもりだった、だから東京のスタジオからの出演も断ったのだという証言も複数ある。当時の番組表を見ると確かにそうなっているが、真偽は不明だ。だが、もしそれが本当だったとすれば、「2万%」発言と同じく、橋下が完全にテレビや芸能界の論理で動いていたことになる。

いずれにせよ、テレビの裏側を知り尽くした稀代の「テレビ政治家」は、メディアを味方に付けるだけでなく、時に激しく攻撃することによって、影響力を強めていったのである。

第2章　検証しないメディア

大衆をつかむわかりやすい言葉

私が初めて橋下徹に関する取材をしたのは2010年9月のことだ。大阪府知事就任から2年7か月が過ぎていたから、ずいぶん遅い動き出しだった。

その間、橋下府政についてのニュースは絶えることがなかった。「財政非常事態」を宣言した府の財政改革とそれに伴う人件費削減や文化施設の廃止。芸術・文化団体への補助金打ち切り。全国学力テストのデータ公開や私学助成金など教育施策の見直し。国直轄事業負担金への抗議や脱ダムなど地方分権を求める動き。その先にある「関西州」（道州制）の提唱。あらゆる問題でバトルを展開してはメディアに取り上げられ、耳目を集めた。

府庁移転の唐突な提案も大きな騒動になった。バブル期に大阪市の第3セクターが建設して経営破綻し、「バブルの塔」と揶揄された大阪・南港の超高層ビル、WTC（ワールドトレードセンター）を買収し、大阪城を眼前に望む現在の庁舎から全面移転するという計画。橋下は「ベイエリアの開発拠点とし、将来的には関西州の州都に」と意気込んだが、反対する府議会との攻防の末、「ビルは買い取るが移転はしない」という玉虫色の決着となった（その後、「大阪府咲洲庁舎」となったWTCは、11年3月11日の東日本大震災による長周期振動で大きな被害が出て防災上の欠陥が露呈。府議会から撤退論も出ている)。

このほかにも、伊丹空港廃止・関西空港への集約論、平松邦夫・大阪市長とのトップ会談による水道事業統合協議など、実現すれば大阪・関西圏の行政の枠組みや地域の形を大きく変えることになる提案や持論を次々と繰り出した。

政治的な発言や動きも活発だった。

09年8月、民主党への政権交代に際しては、「民主党が言ったことが実現しなければ、ことあるごとに『ウソつき、ウソつき』とメッセージを発する」と、プレッシャーをかけ(この選挙では橋下も民主党を支持した)、そのひと月あまり後にはさっそく、新型インフルエンザワクチン接種の地方負担をめぐって、「これまでの国と地方の構造と変わらない。地域主権を掲げる民主党のウソつき第1号だ」と牽制。これ以降、攻撃姿勢を強めていく。

政権交代の翌月にあった堺市長選では、当時現職の木原敬介市長の対抗馬に名乗りを上げた府の政策企画部長、竹山修身を強力に支援し、大勝させている。橋下はほんの1年前まで木原を「自治体トップの理想のモデル、神様」と持ち上げていたが、応援演説では「堺市は楽して太った馬。もっと鞭を入れろ」と過激に手のひらを返し、会場を沸かせた。木原は著書で「マスコミ動員」「マスメディアを利用したデマゴーグ」と批判しているが、メディアと熱狂的な聴衆に支えられた橋下人気にはとてもかなわなかった。

一方、それを追い風に出身地の市長となった竹山は、こんなふうに当時を振り返る。

「大衆の心を言葉でつかみ、訴えかけていく力はほんとうにすごいものがあった。味方に付ければ、あれほど頼もしい人はおらんと思います。

彼が『大阪府は破産会社』と言って府庁に入ってきた時、その過激な物言いに、私も含めて職員には『何言うてんねや』と反発もあった。私は行革室長もやったので、府の財政再建に携わった立場。第一義的には歴代の知事や府議会に責任があることを職員に押しつけるのか、と。そやけどその一方で、府民にとっては正鵠を射るというのか、破産会社と見られても仕方ないし、そういう言葉こそが響くんやろうなあと納得せざるを得ない部分もあった。

財政再建プログラムでは橋下さんと丁々発止やり合ったもんですが、当時の印象で言えば、聞く耳もわりと持っていた。だけど一回思い込んだら、いくら言ってもなかなか修正しない。頑なに自分の意志を押し通すようなところがありましたね」

竹山によれば、例の「ぼったくりバー」発言も、もとは府庁職員が橋下に説明する際に使った言葉だったという。わかりやすい表現を瞬時に取り入れて大衆にアピールしていく、ある意味、橋下の真骨頂と言えるかもしれない。

こうして次から次へと物議を醸し、賛否の渦を巻き起こすものの、橋下は就任2年を経ても80％前後という驚異的な支持率を誇っていた。

「やんちゃだけど元気。あれぐらい思い切ったことをしないと大阪は変わらない」

「橋下さんは私たち庶民の言いたいことを全部言ってくれる」

テレビのコメンテーターからも、街の人からも、府政を取材する記者からも、そんな声が聞こえてきた。大阪の橋下人気は衰え知らずだった。バトルを演じ、物議を醸すたびに勢いを増していった。

民主党政権が誕生する1年以上前から、国会では衆参の多数派が異なる〝ねじれ〟が生じ、新聞紙上では「決められない政治」への批判が強まっていた。そこへ、誰も手をつけなかった大胆な「改革」プランを次々とぶち上げ、威勢の良い口調で断言し、敵をなぎ倒してゆく「リーダーシップ」を備えた新進政治家が登場した。大阪のみならず全国から、橋下に期待と注目が集まったのには、そういう背景もある。

そうした空気を追い風に勝負をかけたのだろう、橋下は10年1月に突然、大阪府と大阪市の統合再編構想をぶち上げる。「大阪都構想」の始まりである。

4月にはその実現を掲げて地域政党「大阪維新の会」を立ち上げ、自ら代表となった。先のWTC問題で府庁移転に賛成したが、議会の抵抗で果たせず不満を抱いて自民党を割って出た松井一郎、浅田均をはじめ、大阪府議24人、大阪市議1人、堺市議5人が集まった。そして橋下は堺市長選での手のひら返しと同じように、それまで比較的良好な関係を保ち、協調路線を敷こうとしていた大阪市を激しく攻撃し始めた。

「大阪市役所は税金をむさぼり食うシロアリ。即刻解体しないとえらいことになる」

「僕は船長だから大阪が沈んでいるのがわかる。でも、もう一人の船長、平松市長はバイオリンを聴き、ワインを飲んで酔っ払っている」

正直なところ、私自身はこの時点でそれほど関心を持てなかった。大阪都構想――といっても言葉が先行していただけで、中身はほとんどなかった――に理があるとは思えなかったし、実現するとも到底思えなかった。バトルを仕掛けて注目を集める橋下のやり方にうんざりし、何度でも同じように踊らされるメディアにも疑問を持っていた。

都構想の始まり「橋下の声しか聞こえない」

そんな頃、東京の出版社にいる知り合いの編集者から電話があった。関西出身の彼は、大阪都構想なるものがどれほどのものなのか、内実を知りたがっていた。

「東京にいると、橋下知事がどうした、こう言ったってニュースばかりで、大阪市の平松市長の話って全然聞こえてこないんですよ。大阪市が一方的に敵役になってるみたいだけど、平松はどう言ってるんですか。橋下のことだから一方的にレッテル貼って攻め立ててるんだろうとは思うんですけど、反論が全然聞こえてこないので……。ちょっと聞いてみてくれませんか」

橋下偏重の報道は大阪にいても同じだった。平松の言葉が報じられるとしても、橋下が言ったことに対してこう反論した、というのがほとんどで、完全に橋下の側から見た府市対立の構図ができ上がっていた。編集者の疑問はもっともだと思った。

そんなわけで私は平松にインタビューを申し込み、その事前取材として、9月9日に行われた橋下と平松の〝直接対決〟を見に行った。大阪都構想をめぐる2回目の討論会だった。その模様をプロローグとして計5回、『現代ビジネス』というニュースサイトに「平松邦夫市長と『もう一つの大阪』」と題してインタビューを連載した。「もう一つ」とは、マスメディアに溢れる橋下の言葉とは異なる視点から見た大阪、という意味である。以下に連載のプロローグ（第1回）を引く。

平松邦夫市長と「もう一つの大阪」

◉「ワンフレーズ政治」「わかりやすい政治」からそろそろ卒業してみませんか

大阪が軋んでいる。摩擦の源にはふたつの自治体があり、２人の首長がいる。大阪府には橋下徹知事（41）。大阪市には平松邦夫市長（62）。

両者の対立は、橋下知事の提唱する「大阪都構想」に端を発しているが、背景には「道府県と政令指定都市」というそもそも微妙な関係があり、さらには、２人の社会観・政治観・文化観・メディア観……あらゆる価値観の相違が横たわる。

驚異的な支持率を誇る橋下知事の「言い分」は、連日マスメディアが伝えている。だが、もう一方の当事者である平松市長とは、どういう人物なのか。どんな考えを持ち、どう動き、何を変えようとしているのか。マスメディアからは聞こえてこない彼の肉声を聞いてみたいと、インタビューを重ねた。これから、そこで語られた言葉を連載でお伝えするわけだが、その前にまずはプロローグとして、２人の関係を振り返っておこう。

◉「府市合わせの構図」

２０１０年９月９日、大阪府知事公館。「大手前」の町名が表すとおり、眼前に大阪城天守閣を望む府庁舎群の一角。こぢんまりとした瀟洒な大正建築に、まだ夏も盛りかというほど厳しい残暑の陽射しが照りつけていた。門は閉ざされ、外からはうかがい知れなかったが、一歩館内に入れば、戸外の猛暑にも劣らぬ異様な熱気が満ちていた。

1階のサロンに100人近い記者やカメラマンが押し合うように居並び、廊下にあふれた府や市の職員たちはペンと資料を手にモニターを見つめている。

視線の先に2人の主役が現れた。ふだんは迎賓や式典などのセレモニーが粛々と行われるこの部屋で、予定調和なしの激しい論戦が始まろうとしていた。

橋下徹・大阪府知事と平松邦夫・大阪市長。ともに大阪という街で首長の職を担う2人は、マスメディア上で対立を深めていた。直接向き合っての「意見交換会」は7か月ぶり。2月22日に開かれた前回とは逆に、橋下からの申し入れに平松が応じて実現した。

テーマは「今後の府政・市政について」。だが事実上は、橋下が掲げる「大阪都構想」という名の府市再編論をめぐっての公開討論である。

大阪市を解体し、府と市を一本化したい橋下と、これを阻止し、別の形で府市連携を進めるべきだと考える平松。今年に入って橋下が都構想をぶち上げたことから、方向性の違いが顕在化し、急速に関係が冷え込んでいった。久々の対話は当然激しい応酬が予想され、在阪マスメディアはこぞって速報や中継の態勢を取った。

『大阪の未来は』。討論を完全収録して流したNHKは番組タイトルにそう謳った。「犬猿の仲」の2人による〝どつき合い〟を臨場感たっぷりに伝えたいという報道的興味もさることながら、この街はほんとうのところ、どこへ向かうのか……という期待と不安がない交ぜになった関心を、その場にいる誰もが抱いていた。

◉「そこが市長と僕との決定的な違い」

午後1時。冒頭あいさつに立った橋下の口調はまだ穏やかで、笑みすら漏れた。が、その内容はといえば

「何でもかんでも合意できるとはこれっぽっちも思っていない。今日は、僕と市長の考え方の根本的な違いが府民の皆さんに伝わればいい。根本的な違いがあればまとまらないと思うが、まとめられる部分があれば全くやぶさかではない」

と、いきなり挑発的だった。

これを受けた平松は

「(前日まで視察していた)台湾から帰国早々お疲れさまです」と21歳下の相手を労いつつ、「府と市の関係がこれほどクローズアップされた例はない。それぞれの違いが何に起因するのか、それは乗り越えられないのか。私は大阪市長として、市民を守る立場にある。知事のほんとうの思いはどこにあるのかを聞きたい」と応じた。

毎日放送(MBS)のアナウンサー出身であり、報道番組で長くキャスターを務めた経験から身に付いた、落ち着きある発声と語り口。現代思想家の内田樹が特別な敬意を込めて「ジェントルマン」と評した柔らかな物腰は、時に「政治家としてはスマート過ぎる」と言われることもある。

しかし、議論は予想通り激しいものになった。いや、「激しくすれ違った」と言った方が正しい。1時間半の予定時間が過ぎ、記者会見用に設定された30分にずれ込んでも、2人の主張は延々と交わることのない線を描き続けた。最後まで互いに声を荒げることもなく、どうにか穏やか

な口調を保ってはいたが、飛び交う言葉はどんどん熱を帯びていった。

平松はまず具体的な行政課題を問うことから始めた。あいりん総合センターの耐震化・建て替え、特別支援学校への補助金支出。府が担うべき責任を果たしていないではないか、と。

橋下は一応それに答えつつも、「府と市が一緒になれば解決できる」と得意の制度論に持ち込み、ここぞとばかりに持論を展開した。

あらゆる論題について二者択一か、それに類する「分かりやすい」問いを立て、平松に答えを迫る。

空港、港湾、鉄道、高速道路……それぞれの事業は基礎自治体と広域行政体のどちらがやるべきと考えるか。区長の職は政治家の仕事か行政マンの仕事か。区長公選制を検討しないのはなぜか。最も重要な行政行為は――自分は予算編成だとしたうえで――何だと思うか……。

詰問調のディベート論法で問いを重ね、答えを引き出すと、橋下はすかさずこんなフレーズで一蹴する。

「そこが市長と僕の決定的な違い」

「ここでまた根本的な違いが出た」

「僕は『あるべき論』を考え、市長は現行制度を前提にする」

つまり、違いを強調すること。それこそが狙いだった。冒頭で「まとめるのはやぶさかではない」とは言いながら、自ら歩み寄るつもりは最初からない。事前の報道によれば、「完膚なきまでに叩きのめす」と周囲に語っていたという。

平松は、

「制度を変えればすべてうまく行くように語るのはおかしい」

「政治家として主張するばかりではなく、知事としての責任をまず果たしてほしい」

と何度も正論で釘を刺したが、時に詭弁をもいとわない橋下の強引な問いに、時々言いよどむ。

「そういう話じゃなくて……」といなしたり、答えを留保する場面も目立った。

◉〝口撃〟に「乗らない」流儀

攻める橋下、かわす平松。そう映ってしまうのは否めない。これまでテレビや新聞紙上で繰り広げられてきた構図と同じだ。マスメディアがどんな言葉や画を欲しているかを、本能ともいうべき鋭さで察知し、常に敵を作って、分かりやすい構図と表現でアジテーションしてみせる。そうした橋下の巧みさは、平松も認めざるを得ない。

意見交換会からひと月ほど経った頃、「ああいう場は不利だと思いませんか」と尋ねた筆者に、平松は「まあ、あれが彼のいつものやり方だから……。でも僕、ようガマンしてたでしょ」と笑った。一方的に〝口撃〟を強める橋下の攻め手に「乗らない」という形で自分の流儀を貫くしかない。平松には、そんな信念がある。たとえば、哲学者で大阪大学総長の鷲田清一や前出の内田らと教育について語り合った近著『おせっかい教育論』でこんなふうに述べている。

〈……橋下（徹）知事とは同じ土俵に乗らない、乗る必要ないと思える心と、「人間は本来、多様性があるから生きていく面白さがあるんや」という開き直りね、そういうものを内田ワール

ドから学んだんですよ〉

〈……メディアを中心に、あらゆる出来事を「ひとこと」で決めつけることこそ「知識人」であるかのように錯覚させる傾向が見受けられます。（中略）まるで一秒でも早く答えなければならないクイズのように、実社会でも条件反射的な受け答えを競う風潮が蔓延してしまっていることに危惧を覚えることが多々あります〉

こうした発言は、橋下式論法への反発であると同時に、現代のマスメディアが志向する「分かりやすさ」、言い換えればポピュリズム的言説への警鐘でもある。ワンフレーズを切り取るコメント、レッテル貼り、対立を煽る演出。そんなことで政治や行政のほんとうに大事なところは語れないだろう、と。

ただそれだけに、平松の言葉はマスメディアには乗りにくい。その動向が伝えられるのは、ほとんどの場合、「対橋下」の構図においてである。だが、それでほんとうにいいのだろうか。

◉突然の変心

そもそも、平松と橋下の関係は最初からこうだったわけではない。ともに民間出身の改革者として役所に乗り込んだ2人は、ほんの1年前まで「府市連携」で歩調を合わせていた。歴史的に対立し、「府と市で府市合わせ（不幸せ）」とまで揶揄された府と市の関係からすれば、「蜜月」と言っていいほどの関係だった。

バブル崩壊後に大阪市の第3セクターが建設し、巨額の負債を抱えて破綻した大阪ワールドトレードセンタービルディング（WTC）は、橋下が購入を決断し、府の分庁舎とすることで、市の負担軽減をアシストした。その過程で平松は府議会へ出向き、本会議場で府議の質疑に答えている。

府市の関係からすれば、歴史的な出来事だった。橋下は「いやあ、演壇の市長はかっこよかったです。市長と僕、市役所、府庁、府議会、市議会、みんな集まって大阪のことを考えるエネルギーを感じました」と、熱い称賛のコメントを新聞に残している。

また、二重行政の解消を目指した水道事業の統合案をめぐっては、「去年の夏ごろは毎日のように何時間も電話で話し合ってたんですよ」と、平松は振り返る。他市町の反対で結局実現はしなかったものの、2人の方向性は政策レベルでも合致していたのだ。

それが今年に入って、橋下は突如、矛先を平松に向けた。府市再編を最初に公式に口にしたのは1月12日、公明党大阪府本部の新春互礼会での挨拶だった。

「大阪は今、世界の中で競争力を失っている。大阪府と大阪市が二つの財布でそれぞれ政策を行っていて、どうしてシンガポールに勝てるでしょうか」

「（知事就任から）2年間の準備体操は終わりました。府と市をガラガラポンして、あるべき大阪を作り上げていきたい」

同じ日の記者会見で発言の真意を聞かれ、重ねて語った。

「今の府と市の関係では競争力は生まれない。中途半端な財布を二つ持っている状態では」

「一回ぶち壊して新たな大阪を作っていく。それを（来春の）統一地方選の主要なテーマにしたい」

その数日後、ある会合の席で平松と同席した私は、「なんで突然あんなことを言い始めたのか……。性急で、何を考えているか分からないところが彼にはある」という戸惑いを聞いている。

平松は、自身の会見で「早くコメンテーターから卒業して、責任ある知事としてものを言ってほしい」「府県はこうあるべし、関西州はこうあるべしと国に対して言っていただきたい」と反論。以後、「橋下が仕掛け、平松がいなす」のやり取りは、日を追ってエスカレートしていく。

基本的には「挑発に乗らない」姿勢を貫く平松も、さすがに最近は、はっきり反橋下・反「都構想」を打ち出すことが増えた。ある政治集会では、笑いにくるんでこんな話を披露している。

「少し前までは、街で市民と話をすると『市長、橋下知事と仲良うしいや』と言われたもんですが、最近は『市長、負けたらあかんで！』と声が掛かるようになりました」

さらに、就任3年を目前にした新聞各紙のインタビューでは、来年4月の大阪市議選をにらみ、橋下が率いる地域政党「大阪維新の会」に宣戦布告した。

「市民のため、(維新の会の獲得議席は)ゼロになってほしい」(『毎日新聞』12月15日付)

「(維新の会が議席の過半数を占めた場合)市長として運営できないという判断になるだろう」(『読売新聞』同)

◉「不幸せ」は乗り越えられるか

だが、無用に対立を深め、行政や市民生活を混乱に陥れることは平松の本意ではない。9月の意見交換会では橋下に攻め入られながらも、何とか対話の糸口を探ろうと、こう語った。

「府市で連携できることはまだまだたくさんある。大阪がしんどくて、困っている人が山ほどいる時に、知事はなぜ制度論を持ち出すのか。なぜ国ではなく、市を攻撃する方向へ向かうのか」

コップの中で争っている場合ではない。その思いは、今に至るまで変わっていない。

対して、橋下はますます平松と大阪市への攻撃姿勢を強めている。最近では、河村たかし名古屋市長の「中京都構想」との連携を打ち出し、都構想をテーマに、民主・自民両党へ公開討論を申し入れる構えも見せる。維新の会の大阪市議選での勝利を前提としつつ、市長への鞍替え出馬も口にし始めた。これまでもそうだったように、橋下の打ち上げる「構想」や「観測気球」がメディア上に躍り、流れが作られていくのだろうか。

「選挙が2本ある（首長が2人いる）のが大阪の不幸だ」と橋下は主張する。だが、さまざまな課題を抱える大阪の進むべき方向、さらには地方自治の将来像を考える時に〝覇権争い〟の構図しか描けないこと、それも一方の発言を軸にした動きしか伝えられないことこそが、府民・市民にとっての「不幸せ」だと言えないだろうか。さらには、それが政治の不毛を生む原因になってはいないだろうか。

平松は12月19日で就任4年目を迎える。その「ひとことでは語れない」政治信念と大阪の展望を聞くため、筆者は4回計8時間のインタビューを行った。この連載インタビューでは、マスメディアを席巻する橋下的言説とは異なる次元から、平松邦夫という人間像と考え方に迫り、「もう一つの大阪」を明らかにしていく。


（『現代ビジネス』２０１０年12月17日の記事を一部改訂）

「受け身」の平松と「発信型」の橋下

私としては、平松に重心を置いた記事を書くことで、橋下ブーム・都構想報道に熱を上げる大阪のメディアに異を唱えるつもりもあったが、状況は何も変わっていかなかった。

先の記事に続くインタビューの中で

〈歴史的な経緯や複雑な背景のある行政課題をたったひと言で、そのままテレビの尺に収まるようなワンフレーズで片付けることはできないし、したくない。そんな『分かりやすさ』は危険です〉

〈僕、キャッチーなことをほとんど言いませんからね。それは性格もあるけれども、パッと見のイメージや見出しだけじゃなく、できるだけ内容の細部まできちんと理解して、ほんとうのことを伝えてほしいという思いからです。「すべて大阪市が悪い」「大阪市を叩いておけば記事になる」という姿勢ではなくね〉

と語っていた平松の言葉は、本人も「自分の発言では見出しが立たない」と自覚していた通り、マスメディアにはほとんど届いていないようだった。この時期、都構想報道に関わっていたMBSの関係者に平松の人物評を尋ねると、こんな答えが返ってきた。

「良くも悪くも『受け身』の人という印象はキャスター時代から変わらない。橋下知事のような『発信型』の人と並ぶと、どうしても地味で、捉えどころがないように映ってしまうのは仕方ないでしょうね」

新聞が見出しになる言葉を求める以上に、テレビの作り手は簡潔かつキャッチーなコメントをほしがる。朝日放送（ABC）で府庁キャップを務めた北畠弦太記者は「一連8秒・ノージャンプ」と橋下の発言を表現している。

〈テレビの世界では、発言を使うときに「一連」というのがすごく助かるんです。最初に言ったことと最後の結論を、間を飛ばしてつないで編集することを「ジャンプ」というんですが、これは手間もかかるし文脈も読まなきゃいけない。それが橋下さんの発言は、よく「一連8秒・ノージャンプ」と言うんですけども、一連で8秒できっちり言葉が終わっている。タイトルにもなりやすいし、原稿のおさまりもいい。テレビのニュースは尺が決まっていてあふれてしまうことがあるんですが、スパッとおさまるんです。橋下さんは、メディアの特性、特にテレビや番組の裏側を知り尽くしたうえで自己演出している〉（『Journalism』2012年7月号）

ともにテレビの世界から、ほぼ同時期に大阪の首長になった2人だが、言葉遣い、話の運び、キャッチーさ、すべてにおいて対照的だった。言葉の使い方がそのまま、政治手法や目指す方向性の違いを表していた。そしてメディアはその習性として、より目新しく、よりわかりやすく、より刺激的な橋下の方へ引きつけられていった。

Webでこの連載が始まる直前、朝日新聞の大阪市内版では『わかる?大阪都』と題する連載が始まった。橋下の唱える構想をやさしい会話体で解説する記事である。

〈大阪市っていうのは人口が約267万人で、ふつうの市より強い権限を持つ「政令指定都市」だ。会社もたくさんあるから税収も多くて予算が大きい。（中略）でも大阪都では、大阪は8〜9、堺市は三つに分割して「特別区」をつくり、「府」を新しく「都」にする構想なんだ〉

〈大阪に元気がなくなったと感じている知事は「狭い大阪に、府庁と大阪市役所という二つの巨大な役所があるから物事が進まない。全体を仕切る指揮官は1人でいい」と言うんだ。（中略）橋下知事

は、府と市の対立に衰退の原因があるという考えだ。要は市が邪魔なんだね〉

〈古いものはぶっ壊して国と地方を改革するという橋下知事と、もっと地道に力を合わせて少しずつ改革しようという平松市長の価値観のぶつかり合いだから、このまま対立は続くにゃー〉

こうした記事を約4か月間、統一地方選の約3週間前まで73回にわたって掲載している。「大阪都構想は地方自治のあり方をめぐる複雑な問題提起」だから、と初回に連載の理由を書いていたが、私は激しい違和感を覚えた。なぜ、橋下と一政治団体（大阪維新の会は法律で定められた政党ではない）が一方的に主張しているだけの、この時点では中身も見通しも何もない「構想」を、これほど丁寧に解説する必要があるのか。これでは統一地方選の争点にしたいという彼らの思惑に乗っかり、無批判に後押しするばかりではないか――。

そもそも、大阪都構想のような府市再編案は橋下独自のものではなく、過去に何度か浮上しては消えてきたものだった。先の平松の連載インタビューに記した経緯を引いておく。

〈……府市対立の歴史は長い。1951～52年に大阪・横浜・京都・神戸・名古屋の5大都市が府県から独立する「特別市」に移行しようとしたが、府県の反対により挫折。大阪市は55年に周辺6町村を合併したが、この時も府議会の猛反発に遭っている。

一方、府の「都構想」が浮上したのも、今回が初めてではない。市町村を自治区とし、「都」が広域行政を担う「大阪商工都構想」を府が表明したのは同じ55年。2000年には、橋下の前任の太田房江知事が今回とほぼ同じ構想を提案。逆に市は、府から権限と財源を大幅に移譲させる「スーパー指定市」構想で対抗した。

60年に及ぶ「府市合わせ（不幸せ）」の構図。その延長線上に2人の対立はある。ここに風穴を開けたい橋下は昨年（2010年）4月、「新たな大都市制度を議論するため」として、「大阪府自治制度研究会」（座長＝新川達郎・同志社大学大学院教授）を設置した。

ところが、5人の委員は昨年末の最終会合で「大阪都構想の導入は困難」との見解で一致。府市関係を改善するため、大阪市の分市案や区役所の権限強化などを提示したものの、まずは両者による政策協議会を設置するべきだとし、「ポピュリズムにならないよう」「一時の熱狂に踊らされないよう」という意見まで相次いだのである。

自ら委嘱した行財政の専門家たちの思わぬ〝反乱〟に橋下は激怒。「府としては受け止めるが、政治活動は別」「府の一研究機関が政治団体（大阪維新の会）に間違ったコメントをするのはやってはいけないこと」と述べ、知事の立場で研究会に抗議する考えを示した〉

橋下は、過去の行政判断や研究者たちの学識によって否定され、葬り去られた案を――彼が物事を強行する際によく使う言葉で言えば――「政治判断」で引っ張り出し、自らの権力闘争の道具に利用しようとしている。私にはそうとしか見えなかった。もちろん、現場で取材する記者たちは過去の経緯を知っていただろうし、それを報じる記事も実際にあった。しかし、めまぐるしく繰り出される橋下の発言や動きを追いかけるうちにそうした事実はかすみ、都構想が最大の争点となっていった。

そして、11年4月の統一地方選で大阪維新の会は圧勝する。府議選では戦後初めて単独過半数となる57議席。大阪市議選は33議席、堺市議選は13議席でともに第一党となった。

本格的に「維新旋風」が吹き始めた。メディアが橋下を煽り、また煽られ、一緒になって巻き起こした風に、メディア自身が翻弄されているように私には見えた。

小泉劇場と同じ「異様な興奮」

統一地方選が終わった直後から橋下は秋に大阪市長選・府知事選のダブル選挙を仕掛けることを口にし始めた。自身の去就は明言しなかったが、知事を辞して市長選に鞍替え出馬することはほぼ確実と見られていた。では、知事候補は誰になるのか。橋下と近いキャスターの辛坊治郎や〝改革派官僚〟の古賀茂明らの名前が取りざたされた。

選挙や政局にはことのほか沸き立つマスメディアにとって、格好のネタができた。ダブル選、鞍替えという構図だけでも異例のことなのに、ここには大阪都構想の行方がかかっている。在阪メディアの関心は、2つの選挙の候補者と同時に、民意が都構想をどう判断するかに絞られていった。

橋下は自らにこれまで以上の注目が集まっているのを承知のうえで、メディアの反応を探るような「観測気球」を上げ、刺激的な発言をしては右往左往させた。

この時期、橋下の本音として今もよく例に出る「独裁」発言があった。2011年6月29日、自身の政治資金パーティーでのことである。

「大阪市が持っている権限、力、お金をむしり取る」

「今の日本の政治で一番重要なのは独裁ですよ。独裁と言われるぐらいの力だ」

読売新聞が大きく報じた発言だが、同紙大阪社会部がまとめた『橋下劇場』には、その前段の発言も書かれている。

「やっぱり政治は力。府民の感覚と政治、行政の感覚に乖離があれば、府民感覚になるべく近づけていく。これが政治だが、とてつもない力が必要だ。メディアからは、そんな力の政治はするな、独走するなとさんざん言われるが、独裁独裁ってヒトラーの時代じゃない。府議会で多数決やるでしょう」

会場は大きく沸いたが、「民意」と数の力を背景に独裁を肯定するような発言に、眉をひそめる出席者も少なからずいたという。平松をはじめ大阪市を守りたい勢力や、橋下を批判・危険視する学者や文化人たちは「この発言こそ橋下の危険性の表れだ」と、ファシズムをもじって「ハシズム」と呼び、警鐘を鳴らした。

だが、こうした声も維新旋風にかき消された。「大阪秋の陣」と名付けて選挙にらみで突っ走るメディアの報道は完全に「都構想、是か非か」のトーンに染まり、橋下が知事時代に実際のところどんな実績を残したのか、対する平松はどうだったかという、本来やるべき検証はほとんど置き去りにされていた。

選挙前には、『週刊文春』と『週刊新潮』が、橋下の実の父親が同和地区出身で暴力団員だったとする出自を揃って報じたが、大阪ではそういうやり方への反感から、逆に橋下を応援することにしかならなかった。橋下自身、「バカ文春」「バカ新潮」と週刊誌報道を批判しながら、「そんなものには屈しない」という姿勢をアピールすることで、力に変えていった。

私の記憶にある小泉劇場、郵政選挙とまったく同じだった。政策の中身や効果は何一つわからないまま、一人の政治家の発するキャッチーなワンフレーズ、大衆受けするキャラクター、彼が作った「改革者vs抵抗勢力」の構図に熱狂し、酔いしれる。取材した在阪記者たちも「異様な興奮状態だった」「完全に浮き足立っていた」と振り返る空気の中、私は橋下検証の意味で、やはり現代ビジネスに記事を書いた。明らかになっている財政のデータをもとに、何人かの行政関係者に取材してまとめたものだ。以下に引く。

検証・橋下「大阪府改革」

◉「破産会社」はほんとうに「優良会社」になったのか。首長としての実績を問う

11月27日の投開票に向け、白熱する大阪市長・府知事のダブル選挙。知事職を辞して、市長の座を目指す橋下徹が掲げる「大阪都構想」や教育基本条例案、さらには彼の独裁的手法の是非が争点となっている。しかし、その前に問うべきは首長としての手腕ではないだろうか。橋下は知事としてどんな実績を上げたのか。公開されているデータや記事から検証する。(文中敬称略)

2008年1月の府知事選に出馬した橋下徹が声高に訴えた公約の一つが財政改革だった。いわく、大阪府は「破産会社」である。新たな府債発行(借金)はしない。収入の範囲で予算を組み、借金を減らしていく——。選挙のキャッチフレーズ「子供が笑う」は、教育や子育て施策に力を入れるというだけではなく、次の世代へ負担を先送りしないという意味に受け取った府民も多いはずだ。

知事として初登庁した08年2月6日、橋下は就任挨拶で職員に対して「4つのお願い」を述べ

たが、最初に挙げた項目はやはり府の財政危機についてだった。

「今の大阪は破産状態にあることを皆様方に認識して頂きたく思います。大変厳しい言い方になるかもしれませんが、皆さん方は破産会社の従業員である。その点だけは、厳に認識をしてください。民間会社であれば——僕も弁護士として破産管財の業務、破産の申告の業務をやりましたが、破産・倒産という状態になれば——職員の半数や3分の2のカットなど当たり前です。給料が半分に減るなどということも当たり前です。（中略）この今の財政が危機状態にある大阪を立て直すには、やはり今までと同じような行政のやり方を継続していては何も変わらないと僕は思っています」

この言葉に象徴されるように、橋下は民間から役所に乗り込んだ「コストカッター」としての役割を自任し、あらゆる場面でアピールしてきた。その感覚は、自治体財政の立て直しというより、企業再生のイメージに近い。

自治体だからこそ抱えざるを得ない〝不採算〟部門、とりわけ文化や教育・福祉関連の事業や施設については多くを「不要」「無駄」「非効率」と断じ、次々と中止や見直し、補助金打ち切りを決めた。自ら急先鋒となった公務員バッシングを追い風に、人件費も大幅にカット。反対する団体や文化人、あるいは府職員とのやり取りが繰り返し報じられたこともあり、橋下には「改革の断行者」というイメージができ上がった。

手法や事業選別に疑問は残るにしても、府財政がほんとうに持ち直したのなら、それも間違いではないだろう。実際、橋下府政の3年9か月で府財政は劇的に好転したと信じる人も多い。

しかし今、府の財政指標を眺めてみても、「再建した」と言えるような改善は見えてこない。それどころか、借金は増え続ける一方だ。なぜ、これほどイメージと実態がかけ離れているのか。「橋下改革」とはいったい何だったのか。ほんとうのところを検証するべきだろう。

◉「3年連続黒字決算」の実態

知事就任からちょうど1年後の2009年2月。橋下は09年度一般会計の当初予算案が11年ぶりに黒字に転じる見通しになったと記者会見で明らかにした。

予算査定段階では最大450億円の財源不足が生じる恐れがあったが、前年度予算で人件費削減や建設費などの歳出抑制に踏み切ったために剰余金が生じ、財源に充てられることになったと説明。「財政再建へ舵を切ることができた」と胸を張った。その後の一般会計実質収支を見ても、08年度に103億円、09年度に310億円、10年度で257億円と、確かに就任以来3年連続で黒字を維持している。

だが、問題はその中身だ。

大阪府の実質収支は、故・横山ノック知事時代の2000年度に約400億円の赤字となったのを底に、徐々に改善されつつあった。橋下が就任する前年の太田房江知事時代には赤字額は12億円まで圧縮され、黒字に転じるのは時間の問題だった。「橋下知事でなくても赤字脱却はできた」と指摘される由縁である。

しかし、その赤字解消は、タコが自分の足を食うような苦肉の策がもたらしたものだった。府は橋下の就任以前から、本来は地方債の返済に充てるべき「減債基金」から一般会計への借入を行っており、その額は多い年で１１４５億円（02年度）に上った。

それでも、借入分を後で返済できるなら、手法自体に問題はない。だが、大阪府は返済の見込みがないまま借入を続け、自転車操業状態に陥っていた。やがて減債基金が底をつきそうになり、08年の選挙前には、地方債の償還を一部先送りして、浮いた金を一般会計に繰り入れるという赤字隠しが発覚。橋下はこれを強く批判し、今後は減債基金の取り崩しを一切認めないばかりか、一時は「新規の府債発行はしない」という方針まで打ち出した。「歳入の範囲内で予算を組む」というわけだ。

ところが、「11年ぶりの黒字」を正式に発表した後の09年10月、減債基金とは別の基金からの借入が明らかになった。横山〜太田知事時代に６基金から計１５３３億円の借入があり、うち１４７９億円が未返済になっていた。

さらに、翌10年2月の外部監査では不適切な会計操作が指摘される。

「府では実態として長期の貸付であるものを、年度末日に一旦全額の返済を受け、翌年度初日に再度貸付を行うという単年度貸付を5法人に対して平成20年度（08年度）中に１１９３億円行っている。（中略）府の予算編成上、歳入欠陥とならないように、２日間だけ資金を引き揚げているだけであり、実質的には府からの長期貸し付けである」（平成21年度包括外部監査結果報告書）

この操作がなければ、08年度の一般会計決算額は約８５３億円の赤字になっていたと報告書は断じた。つまり、大阪府の黒字転換は、違法とは言えないまでも、さまざまな辻褄合わせで成り立ってきた、いわば〝見せかけ〟の数字だという指摘である。

こうした会計の実態が明らかになると、本来はトップとして財政の責任を持つはずの橋下は、「粉飾」「デタラメ」と他人事のように罵り始めた。「黒字宣言」を自らの手柄として語った時からは180度の転換だ。しかし、黒字宣言自体は事実上撤回せざるを得なくなった。

そもそも、それ以前の問題として、「自治体財政において、単年度黒字などたいした意味はない」という指摘もある。都道府県の歳出は特に人件費の占める割合が高く、大阪府の場合は約3割、9000億円に上っていた。この部分を大幅に削れば一時的に数字は良くなる。

しかし、仮に黒字になったとしても、それで府財政が健全だという話にはならない。ここには府債残高とその返済能力、資産などはまったく考慮されていないのだ。それを知ってか知らずか、「11年ぶりの黒字」「改革の成果」と橋下の手腕を讃えるような報道が「改革者」のイメージを作ってきたと言える。

◉大阪府の借金は増え続けている

では、府財政の実態はどうなっているのか、改めて見てみよう。

府債残高は2008年度末で5兆8400億円、09年度末で5兆9220億円、10年度末には6兆739億円。橋下の就任以降も増え続け、過去最高額に上っている。その結果、実質公債費比率(自治体の収入に対する借金の返済ぶりを示す数値。数値が高いほど返済で首が回らない状態)は17・6%(10年度)に達した。人口規模や産業などの条件が近い神奈川県9・9%、愛知県13・4%と比べてもかなり高い。このままでは17年度末に26・4％に達し、早期健全化団体に転落すると府が見通しを示しているほどだ。

一方、橋下がことあるごとに槍玉に上げてきた大阪市の市債残高は10年度末で5兆1048億円。5年前から比べると、約4000億円減った。それに伴って実質公債費比率も下がり、10年度で10・2％。横浜・名古屋・京都・大阪・神戸の五大市（最も古い政令指定都市）の中では最も低い。バブル崩壊以降、府市ともに巨額の借金を抱えることになったが、少しずつでも着実に改善されているのは市のほうなのである。

平松邦夫市長をはじめ大阪市側からこうした事実を指摘されると、橋下は「府債残高が増えているのは、臨時財政対策債（臨財債）が原因。府がコントロールできるその他の借金は減っている」と反論してきた。また、「数値が悪いのは過去の知事時代の借金のせい。自分の任期中は改善している」とも主張する。

臨財債とは、国が地方に渡すべき地方交付税の代わりに、自治体の借金を認めて急場をしのぎ、将来的に国が地方交付税として地方自治体に返すという制度。つまり、交付税の前借りのようなものだ。

橋下の理屈では、臨財債はあくまで国の借金であって、府の負担にはならない。だから、この部分が増えても府債残高は増えたことにならない、ということになる。この理屈を前面に打ち出すため、府は臨財債のように国が将来補てんすることになっている地方債を除いた「実質府債残高」という指標を独自に作り、財政状況の説明資料に使っている。

だが、こんな解釈をしている自治体はない。国が補てんするといっても、地方交付税を算定する基準額に計上されるだけ。「これは臨財債の返済用」と別枠にして全額上乗せしてくれるならいいが、交付税は一括でやってくる。他の財政需要も踏まえた必要額が交付される保証はなく、あくまでも自治体の責任において行う借金と認識するのが普通の考え方だ。府がいくら独自の指標を作って借金を少なく見せかけても、実態を表しているとは言い難いばかりか、他の自治体が採用していない現状では比較のしようもないのである。

橋下は就任当初、「府債発行は原則ゼロ」との方針を打ち出したが、「それでは予算を組めない」という職員の説得で撤回した経緯がある。あくまで「自分の責任における借金は増やしていない」と言いたいのだろう。だが、就任後2年間は臨財債以外の府債発行も増えていたし、起債依存度（歳入全体に占める地方債の割合）は年々上昇し、10年度には13・4％に達している。

さらに、金融機関など外部からの一時借入金もかさむ。府の一時借入金の推移を見ると、09年度は月ごとに借りては返済する、文字通り一時的な借入になっているが、10年度には1500億円の資金を1年中外部から借り続けていた。

借金が膨らめば当然、返済が重くのしかかる。減債基金は、過去の借り出しによって、本来積み立てておかなければならない準備額が大きく不足。橋下の就任以降も不足額は膨らみ続けた。今後の返済（公債費）は約20年後に至るまで、現行水準（11年度予算で2865億円）を上回る見通しだ。将来負担比率は266・7％（10年度）。これも、神奈川県や愛知県を上回っている。

大阪府の借金体質は何ら改善されていないばかりか、年々深刻になっている。そして、将来世代へ先送りする構造は変わらず、負担はどんどん重くなっていくように見えるのだ。とても「子供が笑う」どころではない。

■　■

私学助成金の引き下げ、府立大学運営交付金の削減、国際児童文学館など文化関係施設の廃止や補助金打ち切り、高齢者在宅支援事業の廃止、小規模事業者を支援する補助金の見直し……。橋下はさまざまな反対を押しのけて、こうした部門の予算カットを行ってきた。しかし、府民の暮らしに痛みを強いながら、「本丸」である府財政は一向に改善が見られないとすれば、「橋下改革とはいったい何だったのか」という疑問が湧くのも当然だろう。

だが、それに対する答えはないままに橋下は、大阪都構想、カジノ誘致、関空リニア構想と、派手な――しかし、実現性が極めて疑わしい――話題を次々とぶち上げ、テレビをはじめとするマスメディアはその内容をじっくり検証することなく、表面的な発言や動きを流し続けた。

目立った成果をほとんど上げていないにもかかわらず、橋下がいまだに「改革者」として振る舞えるのは、そうしてでき上がってきた虚像ゆえではないだろうか。

10月31日、大阪府議会議場。任期を3か月残して知事を辞職した橋下は、職員に向けた最後の訓示をこう締めくくった。

「大阪府職員の皆さん。皆さま方は優良会社の従業員であります。このことを厳に認識して、これからの大阪府政、しっかりと良くしていってください。3年9か月、ありがとうございました」

府庁を去る感傷から出た言葉だろうか。初登庁時の挨拶をなぞりながら職員を労い、持ち上げると、橋下は満足そうに、あの人懐こい笑みを満面に浮かべた。

しかし、彼が3年9か月前に「破産会社」と断じた大阪府が「優良会社」に変わったと言える論拠は、少なくとも財政に関しては何一つない。自らを自治体再建の旗手と任じ、「次の挑戦がある」と意気揚々と出ていく橋下を職員たちはどんな思いで見送ったのだろうか。


（『現代ビジネス』2011年11月18日）


このほかにもう1本、知事時代の橋下発言を検証する記事を書いたのだが、今回も蟷螂の斧に過ぎなかった。大阪市長選は、橋下75万813票、平松52万2641票。府知事選は、松井200万6195票、倉田薫120万1034票、梅田章二35万7159票。

在阪メディアの洪水のような報道の後押しと、無党派層の圧倒的支持を受けた維新旋風は、既成政党がついた他候補たちを蹴散らした。「懸命にもがいたが、何をやっても勝てる気がしなかった」。ずいぶん後になって、平松は私の前でそう振り返った。

この選挙以降も橋下はことあるごとに平松の名前を持ち出し、中傷まがいの批判を重ねた。15年3月の維新の集会では、「前回の大阪市長選で平松さんから町内会に現金100万円が領収書なしで配られている」などと事実無根の発言を繰り返し、これがネットの動画となって広まった。

その場その場で支持者や街頭の聴衆を沸かせ、誰かへの敵意を煽るためだけの言動を平松は「笑顔のヘイトスピーチ」と評する。そして、動画の削除を求めて大阪地裁に仮処分を申請するとともに、名誉毀損で橋下を訴えた。同年6月に仮処分決定が出たが、本訴は現在も係争中である。

第3章

標的になるメディア

意気揚々の市長就任会見

小泉郵政選挙ばりに「大阪都構想」をシングルイシュー（単一争点）にしてメディアを席巻し、大阪市長・府知事のダブル選挙を制した橋下徹と松井一郎は、完勝の自信からだろう、取材する記者たちの目にも余裕が感じられたという。

橋下の辞任で知事不在だった府庁には、投開票2日後の２０１１年11月29日に早々と松井が登庁し、二つの条例を年度内に成立させる意向を示した。知事が教育目標の設定を主導する「教育基本条例」と、職員を5段階で相対評価し、評価の低い者には分限免職もあり得る「職員基本条例」である。

ダブル選前に大阪維新の会が条例案を取りまとめたもので、橋下が常々口にする彼流の「組織マネジメント」――選挙という民意を受けた首長が予算、人事から教育内容に至るまですべての決定権を持ち、公務員は思想・信条にかかわらず、組織の一員としてそれに従うべきだとする考え――を具現化した内容だった。教育委員会制度を否定し、強権的な手法で役所を締め付けるやり方に批判は少なからずあったが、一方で、労働組合が幅を利かせ、「役人天国」とも言われた大阪市役所や公務員バッシングの風潮も根強く、大きな声にはならなかった。

一方の橋下は、ダブル選で破った前市長・平松邦夫の任期が終わるのを待ち、12月19日に就任したが、その前週の3日間で集中的にテレビに出演している。

読売テレビの『かんさい情報ネット　ten!』『情報ライブ　ミヤネ屋』『ウェークアップ!ぷらす』、朝日放送『キャスト』、テレビ朝日『報道ステーション』、毎日放送『ちちんぷいぷい』、関西テレビ『スーパーニュースアンカー』、TBS『みのもんたの朝ズバッ!』……。在阪・在京問わず各局の看板ニュース番組やワイド情報番組が目白押しだが、とりわけ読売テレビの多さが目立つ。タレント時代に共演した宮根誠司や辛坊治郎（一時は府知事選の有力候補だった）が司会を務め、やしきたかじんとのつながりもあって、現在に至るまで最も関係が近いテレビ局と言われている。ダブル選の勢いに乗って国政進出もちらつかせる橋下の注目度は全国的に高まっており、どの局も生出演を切望した。実際、この時に最高視聴率を記録した番組もある。

そして、大阪市役所初登庁の19日。就任会見に臨んだ橋下は、冒頭で就任あいさつや所信表明を一切述べることなく、いきなり「もう皆さんからどうぞ」と報道陣に質問を促した。こんなやり取りである。

——大阪市の大きな課題になっている生活保護行政についての考えを。

「これは国の無策です。国が制度を全部決めて、かかった費用の4分の1を地方で負担しろなんていうバカげた仕組みが成り立つわけありません。金出すんなら口も出させてくれ、と。受給の認定要件にですよ。僕は就労支援もしますけれども、どうしてもサボる人にはやっぱり保護費は出したくないですからね。国が口を出させてくれないんだったら、もう受給認定業務やりません。僕はやらない。国でどうぞ好き勝手にやってくださいということを、全国の市長会なんかに呼びかけて政治闘争していかないと、国に言われっぱなしでこんなのね、アッタマきてしょうがないんでね」

——市長を4年間続けていく覚悟はあるのか。国政転出のチャンスがあればそちらに向かうのか。

「4年間、国政進出は絶対ありません。僕自身が国会議員に出ることはありませんが、大阪の形を変える大都市制度について、それから教育委員会制度や生活保護行政についても、国が言うことを聞いてくれないんだったら、もうこっちで国会議員を擁立して、変えていかざるを得ない。もうね、生活保護行政ひとつ取っても、国の仕組みはむっちゃくちゃですよ。これに対して国会議員や永田町や霞が関は対応できません。TPPと普天間（基地移転）と、税と社会保障の一体改革でアップアップですから。だからこっちに任してくれって言うんですけども、任してくれないんだったら一世一代の大勝負……ってこれまで何回言ったか分かりませんけど、また次の衆議院総選挙も勝負賭けるしかないと思いますけどもね」

——大阪市職員の印象を。

「いや、優秀ですよ。やっぱり僕がこういうスタイルで（大阪市解体を掲げて）入ってきて、そら職員だって人間ですからいろんなこと考えるでしょうし、面従腹背も全然大歓迎ですよ。ただ、今回のダブル選挙の結果を受けて民意というものが一定の方向性で示されたわけですから、僕のことを人間的に好きかどうかとかそんなことは関係なく、もう民意の方向に向かって一致団結して進んでいく、と。それでいいと思ってます」

府知事時代と同じように国と闘う姿勢を強調し、言うことを聞かなければ国政に手を突っ込むと民主党政権に揺さぶりをかけ、市役所に対しては自分が「民意」なのだから従えとメッセージを出す。「面従腹背も大歓迎」と橋下は言っているが、この日、平松前市長を支えた局長と部長計6人を総務局付として明確な業務のない研修センターへ異動させる人事を発表していた。選挙で戦った〝敵側〟の幹部を干し上げた明らかな見せしめだったが、会見で「報復人事ではないのか」と問われると、「僕の考えてることを実現するために最善の人事を行った。待機は命じたが、報復人事ではない」とそっけなく答えるのみだった。

多弁に圧倒される〝トリテキ〟記者たち

上記の一問一答はずいぶん端折っているが、ほんとうのやり取りはこんなものではない。橋下の記者会見はまるで独演会である。一つの質問に延々と持論をぶつので、どうしてもそうなる。この日は1時間40分。質問を聞く時以外、ほぼノンストップでしゃべり続けた。

この就任会見で橋下は、旧体制を破壊して新しく作り直すこと、いわゆる統治機構改革に取り組む姿勢をあらためて鮮明にし、そのために「決定できる民主主義」が必要なのだと打ち出した。会見に合わせて練り上げたその決め文句が、彼の政治手法を端的に表すフレーズとして、以後、新聞の見出しやテレビのコメントに繰り返し使われていくわけだが、実際の発言がどうだったか、敢えて全文引用する。

「……繰り返しになりますけども、今の日本、何とかしようと思えば統治機構を変えないともう無理です。政策、政治家、ここをいくら変えても、このまた、いくらいいものをですね、政策、政治家でいくらいいものを出していっても、これはもう無理です。政策、政治家、それから統治機構、この三つが合わさって初めて政治行政っていうものは動くわけですから、今までの政治や行政ってのは、この政策の部分、それから政治家はどういう政治家がいいのか、リーダーシップを発揮できる政治家はどうなのか、そういうところばっかりが、そういうところばっかりを議論されてきましたけどもね、やっぱり統治機構ですよ。統治機構。

明治時代に作られたね、この中央集権体制、それから先ほどの生活保護行政の時もそうですが、国と地方の融合型、責任の所在、権限の所在がはっきり分からないようなこの統治機構、これを作り直さないと日本は沈みます。今の日本の政治や行政のこの仕組み、統治機構っていうのは決定できない民主主義、決定できないから責任を取らない民主主義。この決定できない、責任を取らないというこういう民主主義で、ある意味この統治機構が作られてきましたけれども、僕はこれは決定できる民主主義、それから責任を取る民主主義、これを哲学として統治機構を組み替えていきたいというふうに思っています。

これは行政の統治機構だけでなく、教育委員会制度も含めて、決定できる、そして責任を取る民主主義。民主主義ですよ。これを哲学として統治機構を組み替えていきたいと思いますが、国にはできませんから、国全体でこういう統治機構の組み替えなんてのはできないので、この決定できる民主主義、責任を取る民主主義という哲学をもとにですね、まずは大阪の統治機構を変えていくということを松井知事とタッグを組んでやっていきたいです。これが僕と松井知事の一番のテーマ。個別の政策とかそういうことはね、行政職員がもう優秀ですから、行政職員や専門家の力を使ってね、政策とかそういうところは、政策論議は、まあ僕もこれはやっていきますけども、まずはやっぱり統治機構を変えると。仕組み自体が変わらないと、どれだけいい政策やそういうものを打ち出しても、なんにも実現できませんから。この国の統治機構を変えるためにですね、まずは大阪から、統治機構を変えるとはどういうことなんだということを示していきたいと思いますね」

文字にして読んでみるとわかるが、橋下はものすごく多弁ではあるものの、決して理路整然と語るわけではない。繰り返しや同じことの言い換えも多く、はっきり言ってくどい。「ワンフレーズ」とよく言われるが、小泉純一郎のそれとは質が異なるのだ。ただ、繰り出される言葉のスピードが速く、途切れない。政治家の公式発言らしからぬくだけた語り口で、断言や直言を多用するため、なんとなく「わかりやすい」印象になる。そして、膨大な言葉の中にところどころキーワードとなるワンフレーズがちりばめられるので、記者はそれを逃さないよう一言一句書き留めるのに必死になる。

府知事時代に橋下を担当し、この会見をニュース番組のプロデューサーとして見ていた在阪局デスクは言う。

「若い記者たちはまず彼の多弁・能弁に圧倒されるんです。会見の言葉をパソコンで書き留めることを、聞き取りテキストを縮めて〝トリテキ〟と言うんですけども、その作業で手一杯になってしまう。

私は『トリテキなんかいらない。そんなことやってたら頭が悪くなる』と若い記者にはよく言いました。それより彼の表情や口調の変化に注意を払え、要点をしっかりとらえて矛盾点や問い質すべき論点はないか考えながら聞け、と。発言内容を確かめたければICレコーダーで録音もしてるわけですから。だけど、デスクにメモを上げないといけない、周りでは他社もみんなやっている。するとどうしても機械的に作業をせざるを得ない。今や、そういう取材の仕方が普通になってしまっているんです。

さらに彼の話は長いので、午後2時から始まる定例会見が4時ぐらいまで続く。そうすると、夕方ニュースまで1時間か1時間半ぐらいしかない。ほとんど考えている時間がないんです。昔と違ってネットで同時中継されているのもあり、彼の言葉の一部分を切り出すと、『恣意的な編集だ』『文脈を無視している』と当人からもネット上でも言われるようなことも増えた。取材内容を吟味し、ニュース判断をして、該当の発言を切り出すのは、こちらとしては当然の作業なんですが、その論理が通用しなくなりつつあるのを感じます。まあ、そういう時代だと思ってやらないとしょうがないんですが」

確かに、ネットの普及は取材のやり方を変えた。ネットメディアやフリーの記者ら既成のマスメディアに属さない取材者が、さまざまな現場にパソコンとカメラを持ち込み、中継動画をネット上に公開することが増えてきた。2009年秋に民主党政権が行った事業仕分けあたりが嚆矢となり、11年の東日本大震災を契機に大きく広まった。やはり広く普及し始めていたツイッターをはじめとするSNS（ソーシャル・ネットワーキング・サービス）がこれを拡散した。会見の模様をそのまま流す「ダダ漏れ」や、ツイッターの140文字の投稿をいくつも連ねて発言を伝えていく「tsudaる」というネット用語も生まれた。先の市長就任会見にもニコニコ動画の記者が出席し、中継を見ている視聴者の質問を受けて、小沢一郎（民主党・当時）との連携の可能性や脱原発への取り組みを聞いていた。

こうした手法が広がった背景には、既存マスメディアが記者クラブというシステムによって情報を独占している、恣意的に編集を加えているという不信や不満があった。その指摘には頷けるところもあり、この在阪局デスクが言う通り「そういう時代」と割り切らねば仕方がないのだろう。

だが、記者が取材対象の言葉を受け止めて咀嚼したり検討したりする暇もなく、今起こっていることをそのまま流していくというのは、果たしてよいことばかりだろうか。同時中継で一次情報を「ダダ漏れ」にしたとしても、その要点は何なのか、どういう思惑での発言なのか、またその内容に妥当性はあるのか、以前の発言との整合性はどうかなど、取材者・編集者が検証と考察を加えたうえで、あらためて報じる・論じる作業は、どういうメディア状況になったとしても欠かせないだろう。

橋下は、既存マスメディアをうまく引きつけ利用しながら、同時に、世の中に鬱積するマスコミ不信を体現する存在でもあった。そして、市長就任以降はマスメディアへの攻撃をそれまで以上に強めていく。強力なツールとなったのがツイッター、援軍となったのがネットの動画配信であった。

メディア攻撃で幕を開けたツイッター

橋下がツイッターを始めたのは、市長就任から10か月あまりさかのぼる２０１１年2月1日。大阪維新の会を発足して初めての統一地方選挙が約2か月後に迫っていた時期である。プロフィールに「代表の橋下です。［2か月限定］アカウント！ツイッターに挑戦です！大阪都構想を実現するために頑張ります！」とあったように、当初は大阪維新の会代表として、選挙告示までの期間限定で書き込むつもりだった。

初日の投稿は、いきなりテレビ番組批判で始まった。標的となったのは、朝日放送（ABC）の『NEWSゆう＋』である。

〈そう言えば、今日のABC放送ニュースゆう最悪だった。散々1時間30分にわたって都構想について説明したのに、全部編集でカット。コメンテーターも、どこかの市長をやってたみたいだけど、もっと材料出せって、そもそも勉強してないもん。司会者も。〉

〈これやり始めると、止まらなくなりますね。ABC放送のニュースゆうだけど、取材で1時間以上都構想についてしゃべらせて、放送では全部カット。それで、説明が足りませんね～、材料が足りませんね～、こんな状態で選挙は不安ですね～って、そりゃないだろ！！〉

〈今日のニュースゆうのコメンテーター、元尼崎市長さんだったらしい。そしたら都構想、簡単に分かるでしょ！大阪市役所を尼崎市役所みたいな住民に近い役所に8から10に分けるんです。これぞ地方分権。尼崎市役所がどれくらいの権限と財源を持っているか、何か資料が要りますか？単なる勉強不足！！〉

夕方6時台に始まった投稿は、日付を越え、翌朝4時半頃まで断続的に82本に上った。他局の番組への評価や当時の平松市長および大阪市役所への批判も挟んだが、さらにその4時間後の午前8時半頃からまたABCへの批判が再燃する。

〈新聞読み終わったんだけど、公務前にもうひとつぶやき。いや〜僕もしつこい。ABCニュースゆうのあの取材、番組の作り方は絶対におかしい。なぜ取材した記者を番組に出演させないんだ？90分も僕の話を聞いた記者本人を。僕のどうでもいい話を2つ3つ引用しただけで肝心の話は全てカット。〉

〈ABCニュースゆうは、なぜ司会者・キャスターが取材に来ないんだ？コメンテーターでもいい。コーナーに責任を持つ者が自ら取材をする形にしないと、結局「住民にもっと説明を！」なんて無責任極まりないコメントを発することになる。あの尼崎の元市長さん、コメントに責任を持って取材に来るべきだ。〉

〈ヨーロッパの民主主義と日本のそれとの違い、ヨーロッパの有権者の認識、英国ではなぜ正統な政治家が誕生するのか・・・・まあ、自分の政治論を延々と語って、その中で、有権者も考えるべきだと発言したんだよ。あの取材記者は「馬」だったのか？確か人間だったはず。ほんと馬の耳に念仏だよ。〉

こんな調子で延々と批判を続けた橋下は、この日のうちに〝戦果〟を勝ち取る。番組司会者が誤りを認めた、というのである。

〈本日の記者会見1時間。その後、僕がツイッターを始めたきっかけのABC放送ニュースゆうの司会者小縣さんが取材に来て下さいました。感謝。1時間にわたって府政記者クラブの記者の前で大阪都構想を説明しました。小縣さん、「分かりました。納得した。」とのこと。〉

〈それにしても、今日のABCニュースゆうの小縣司会者は、素直に、反省していました。僕の説明不足というのは間違いだったと。それにABCの他の記者も、あの放送はテレビ独特の演出だったことを認めました。それでもドラマじゃないんだから、演出にも程がありますね。〉

連続投稿の最中に、本人も思わず「僕って異常かな」「周囲が僕のツイッター、迷惑メールと言ってます」と自嘲するほどの多弁と執拗さ。攻撃的発言と断言、直截な感情表現。まるで彼の肉声を聞いているようである。

橋下がツイッターを始めたことと合わせ、一連のツイートも話題になった。リツイート（引用）数はまだ数十件〜百件程度だが、賛同のコメントが多く寄せられたことや反応の早さを本人はいたく気に入っていたと、当時、橋下周辺にいた府議や担当記者たちは証言する。

「よくぞ言ってくれた、傲慢なマスコミをやっつけてくれたとフォロワーから喝采を浴びて、この手法は使えると思ったようです。それ以降、ツイッターはもちろん、記者会見でも番組名や記者個人を名指しで、一方的に非難することが増えていった」

とは、先の在阪局デスクの弁である。

「それまでの会見でも記者と議論になったり、社名を挙げて報道を批判したり、一定の緊張感はありましたが、まだ対話は成立していた。マスメディアと良好な関係を保って、都構想や維新の会に好意的な報道をしてもらおうという思惑もあったと思うんです。それは彼の取り巻きの府議だった松井一郎氏も同じ。自分たちは自民党を飛び出した、いわば〝亜流〟だからメディアを味方に付けたいと思っているように感じました」

ツイッター開始から3週間ほどで橋下のフォロワーは8万人を超え、12年4月には約69万5000人と国内政治家でトップに立つ（同時点での2位は鳩山由紀夫・元首相、3位は東国原英夫・前宮崎県知事）。さらに1年後の13年4月には100万人を超えた。15年5月の住民投票で大阪都構想が否決されると、プロフィール欄から「大阪都構想」の文字は消えたが、それでも同年10月で約138万7700人と政治家では圧倒的な数を誇っている（2位が東国原、3位が鳩山。4位が安倍晋三首相で約54万6600人）。

そのツイッターで、橋下に「馬」とまで罵倒されたのは、ABCの北畠弦太記者。この時の裏話を『Journalism』2012年7月号の座談会で語っている。

〈「大阪都構想の中身」「4月に控える統一地方選後の見通し」「地域政党の今後」の3つを聞きたいということで、1時間ほどの約束でした。事前に質問の内容を知事サイドに渡しておいたのですが、大阪都構想の仕組みを図にしたフリップを自分で持ってきて、結局1時間半、「ほかの話はくだらないからいいですよ」と言いながら、ほとんど都構想の説明ばかりでした。（中略）実際は都構想の仕組みや橋下さんの主張は組み入れたつもりなんですが、「全部カットした」と攻撃してくる〉

同記者が『月刊民放』2011年7月号に寄せた原稿によれば、「都構想の中身は大あり」「大阪市内に中核市を8つか9つ作るイメージ」「特別区を中核市にすると言っているので、妄想でも何でもない」などの発言をＶＴＲには入れていたという。しかし、橋下はコメンテーターの批判に立腹し、上記のような番組批判を繰り広げた。「報道は広報とは違う。大人げないという評価にならないのか」という座談会司会者の問いに同記者はこう答えている。

〈むしろメディアは偉そうだとか、今まで「声なき声」としか扱われていなかったインターネットの住人たちは、ここぞとばかりに快哉を上げる。「よく言ってくれた。はけ口になった」ということだろうと思うんです。やはり政策への評価というよりも、彼のそういうキャラクターとか人物像にふわっとみんなが集まっているんじゃないかなという気はしました〉

知事就任当初から「僕は権力者であり、その権力をチェックするのがマスメディアの役割」とたびたび口にしてきた橋下。しかし実際には、自分の言いたいことを一方的に話し、思った通りに伝えられなければキレる、ということを繰り返していた。自分の主張を好きな時に好きなだけ、編集されることもなく発信できるツイッターは新たに手に入れた強力な武器だった。そして、メディアにとっては橋下の考えを知るための〝取材源〟であるとともに、大きな脅威にもなった。少しでも気に入らない報道をすれば、すぐに罵倒され、さらし上げられる、と。

ＭＢＳ女性記者〝吊るし上げ〟の顛末

ネットを通じて拡散された橋下のメディア批判でよく知られているものに、ＭＢＳ女性記者の〝吊るし上げ〟がある。

市長就任から約半年経った２０１２年5月8日、登庁時の囲み取材。発端は、橋下が府知事時代に大阪維新の会の主導で制定された、府立学校教職員に国歌斉唱時の起立斉唱を義務付ける全国初の条例（橋下の市長就任後に大阪市も制定）の運用をめぐる質問だった。この年の府立高校卒業式で、橋下の友人でもある民間人校長・中原徹が、教職員が国歌を歌っているかどうかを調べる「口元チェック」を行った。これを受けてMBSが府下の高校校長にアンケートを取ったところ、回答者のうち半数が「起立と斉唱を一つととらえればいい」と答えた、つまり「起立はさせるが、口元チェックまではやり過ぎではないか」との見解を示したが、どう思うか、と女性記者は問うたのだった。

「それは各校長の判断だが、職務命令の内容は起立と斉唱。それが教育委員会の決定だ」といったんは答えた橋下だが、続けて「一律強制で歌わせることについてはどうか」と自身の見解を問われると、スイッチが入った。

「小学生が起立斉唱と言われて、立ってるだけで音楽の成績つきますか？　どうですか？　この国語の中に斉唱の命令は入っていませんか？」

「起立斉唱命令は誰が誰に対して出したんですか？　まず事実確認から入りましょう」

と逆質問を畳みかけ、記者が回答を拒んで質問を続けようとしても、

「まず答えてください。事実確認が不十分な取材には答えません。命令は誰が主体なんですか」

と繰り返し執拗に迫る。記者が府の教育長だと答えると、あざ笑うように語気を強めてこう否定した。

「とーんでもないですよ！　もっと調べてくださいよ。教育長が命令出せるんですか」

職務命令は、組織としての教育委員会が全教職員に向けて出した、というのである。

それでもひるまず、質問を重ねる記者の言葉をことごとくさえぎり、「勉強不足」「そんなことも知らずに取材に来るな」「ふざけた取材すんなよ」「とんちんかん」「話が無茶苦茶」と延々攻撃を続けた。この間26分。声を荒げ、相手を指差し、嘲ったり、あきれ返ったりしてみせる橋下は、戦略的にそうしているというより、明らかに激昂し、感情をむき出しにしていた。口元チェックに対する批判が高まっていることに相当いら立っていたのだろう。

市長に就任して以来、幹部「6人組」の追放、密告の奨励と言われた「目安箱」の設置、市職員の組合活動歴などを調べる「思想調査」アンケート、先に記した教育基本条例と職員基本条例、さらには職員の刺青調査など、強権的な「組織マネジメント」に批判が続出していたことも背景にあったかもしれない。

MBS記者が特段おかしな質問をしたとは私は思わない。思想・良心の自由に反する可能性のある国歌斉唱の強制について、その手法の是非を問うのは当然だろう。しかも、現場の責任者である校長たちから異論が出ているのだ。橋下はこの問題が起こった当初から、

「自分は条例を作っただけ。職務命令は教育委員会が出したのだから、教育委員会に聞け」

と、条例と職務命令を切り離し、この場でも自分の権限外であることを何度も強調したが、それは苦しまぎれの詭弁と見なされても仕方がない。命令は、彼自身の意向で作られた条例に従って出されたのである。運用について見解を問われるのは当たり前ではないか。

また、MBS記者が答え、橋下が全否定してみせた「教育長から各校長へ」という命令系統も別に誤りではない。全教職員への通達は教育長名で出されており、それと同時に、教育長から校長・准校

長宛てにも職務命令を徹底するよう通達が出ていたのである。

ただ、誰が誰に命令したかなどということは、橋下の常套手段である論点ずらしに過ぎず、この問題の本質ではない。まるでかみ合わない、堂々巡りのようなやり取りを続けながらも、MBS記者は橋下の本音をいくつか引き出している。

「口元チェックは何も問題ない。完璧なマネジメント。自分も校長ならやる」

「斉唱を義務付けるのは、教職員が公務員だから。歌いたくなければ公務員を辞めればいい」

「公務員にとって国歌・市歌は、会社員にとっての社歌と同じ」

そんなに社歌を大事に歌っている会社員がどれほどいるのか私は知らないが、それは別としても、要するに彼は、思想・良心の自由など度外視して、とにかく条例と組織命令――それはつまり自分の定めたルールということだ――に従えということを言っていた。その本音を出すのを嫌ってか、強引に話をそらして記者を詰問し、恫喝まがいに罵倒し続けるという理不尽な振る舞いをしていたのは、橋下の方である。

だが、ネットの反応は違った。この囲み取材の動画が流れると、記者への批判が一気に広がった。「無知で不勉強」「市長に失礼。何様だ」「反日左翼記者」「MBSは解雇しろ」といったものから、批判とも言えない愚劣な誹謗中傷までが次々と掲示板などに書き込まれ、いわゆる〝祭り〟状態になったのである。

騒動に呼応するように、橋下は数日後、ツイッターに連投している。

〈ネットで全て録画していることを承知であえて大騒ぎしたんだけどね。中原校長への誤解があまりにもひどかったから。（中略）世間に発信しようと思えばここまでやらなきゃならないんです〉

〈僕はこのような記者でも有権者のためにと出来る限り応じました。それで約30分となりました。まあネットでやり取りが全て流れて、あとは有権者の判断に任せます。MBSのボイス（注・記者の担当ニュース番組）ではやり取りは全てカットされて、僕だけが頭のおかしい市長のように放映。これがテレビ。くわばらくわばら。〉

橋下のメディア批判、というよりバッシングの手法、そして、彼の人気を支える〝気分〟の正体を浮き彫りにしたできごとだった。

橋下と何度も対峙したある府議は、私にこんな分析をしてみせた。

「彼のやり方をずっと見てきてわかったんですが、あんなふうに相手を怒鳴りつけるのは、いくつか意味があるんです。一つは、言うまでもなく威嚇。自分に盾突くとこうなるぞ、と周囲の記者や議員まで含めて萎縮させる効果です。次に、テレビやネットの視聴者に与えるイメージ。『あれほど怒るなんて、橋下さんは真剣に取り組んでいる証拠』『言い方や態度はきついけど、よう頑張ってはる』というようなプラスの効果が生まれることを彼は知っている。

もう一つは、きつい言葉遣いや喧嘩腰の態度など表面的なことに話題を集中させて、問題の本質に立ち入らせないことです。『クソ教育委員会』や涙の訴えもそうでしたけど、誰かとバトルした、激しい言葉で批判した、あるいは涙ながらに語ったという事実自体をメディアも視聴者も好みますからね。派手な言動だけに目を奪われ、中身は覚えていない。それでもう満足してしまう」

私は深く頷いた。つまり、すべてがイメージ戦略なのである。故意かどうかは別として。

もう一つ、私が気になったのはマスメディア側の反応である。この一件をどう見ていたか、さまざまな在阪局・紙の関係者に会うたびに尋ねた。驚いたことに、記者を擁護したり、同情的に見たりする者はほぼ皆無だった。

「市長も大人げなかったけど、あれは記者が悪い。勉強不足だったと思いますね」

「最初から批判ありき、結論ありきで、都合のいいコメントを取るために質問してるのを見透かされたから反撃されたんでしょう」

「市長という立場の背後には有権者がいるんだから、敬意を払って質問しないと」

などと、橋下の言い分をそのままなぞるような見方から
「意図はわからなくはないけど、彼を相手にああいう食い下がり方をしたら勝ち目はない」

「彼女は市政記者クラブの担当じゃないから、囲み取材の雰囲気を知らなかったんでしょう」

というふうに一見理解を示しながらも、記者の「空気の読めなさ」を指摘する者まで。

もっと悪しざまに「ただの左翼記者。どうしようもない」と吐き捨てる者もいたし、「ああ、あれは〝公開処刑〟と言われてるんですよ」と笑う者もいた。

話を聞いた中には、MBSの関係者も複数含まれている。社内では「きちんと社として見解を出し、反論するべきところはした方がよい」という意見も出たが、大きな声にはならなかったという。

「あの騒動に一つだけ意味があったとすれば」

と、同社の関係者は言った。

「過剰に攻撃的で執拗な、橋下氏のダークな一面を図らずも引き出して可視化したことでしょうね」

〝天敵〟を屈服させた週刊朝日問題

ツイッターを手にしたことによって激化し、頻繁に繰り返されるようになった橋下のメディア攻撃。一番の標的となったのは朝日新聞である。MBS記者の一件の4か月あまり後、9月25日には、そのツイッター上で同紙の女性記者との応酬があった。

きっかけは、従軍慰安婦問題。橋下が政府見解の見直しを求めていることをめぐり、韓国から来日した元慰安婦が大阪市役所を訪れ、撤回と謝罪を申し入れた。彼女を招いた市民団体は1週間前から橋下との面会を求めていたが、その日、橋下は休日で登庁予定がなく、応じなかった。そのことを記事にした朝日新聞大阪社会部の女性記者は、元慰安婦が来庁した時刻に橋下が「自宅でツイッター三昧」だったと、社の公式アカウントである自身のツイッターに書き、「記者を外れるけど、人間としての怒りが抑えられません。ふざけんな。出て来い！」と挑発したのだった。

これに対して橋下は

〈休日に僕が自宅でツイッターをやろうがそれは自由だろ〉

〈記者が会えという人に僕が絶対に会わないといけないのか。それは偉そうすぎるだろ〉

〈何も考えず、とにかく批判することだけが命の記者なのだろう。例のMBSの記者と同じ〉

などと反論。ネット上では記者の実名を挙げての個人攻撃を批判する意見も一部あったものの、発端となった「記者を外れた」感情的な書き込みに対する批判の方が圧倒的に強く、いわゆる〝炎上〟状態となった。記者はしばらく応戦していたものの、最終的には謝罪のうえ、ツイッターアカウントを閉鎖した。

マスメディアに属する記者のツイッター使用の難しさを示す一例となったが、朝日新聞の社内でも同情的な声はほとんど出なかったという。良くも悪くも〝個性的〟な一記者の勇み足であり、「記事や取材の場でやり合うならまだしも、ツイッターという本分を離れた場所で場外乱闘しても擁護のしようがない」という見方が多かった、と当時を知る関係者は語る。

その3週間後の10月16日には、ノンフィクション作家の佐野眞一が執筆した『週刊朝日』の連載記事をめぐる問題が起こる。

「ハシシタ　奴の本性」と題された連載の第1回は、1か月前に開かれた国政政党「日本維新の会」の旗揚げパーティーの模様を「田舎芝居じみた」「日本の歴史が暗転する瞬間」などとこき下ろす冒頭の描写からわかる通り、大阪府知事就任から5年弱で一気に国政の舞台へ躍り出た橋下の勢いを恐れ、引きずり降ろそうとする悪意と痛罵に満ちた記事だった。しかも、表紙に「DNAをさかのぼり本性をあぶり出す」と謳ったように、佐野が着目したのは「血脈」。橋下が幼い頃に死別した父親は被差別部落出身のヤクザで、「シャブやってた人間」との証言もあり、その出自が橋下の「非寛容な人格」と「厄介な性格」を決定づけた、と決めつけていた。

きわめて差別的な思想と偏見に基づく記述に、橋下は当然、反発する。

「政治手法を検証するつもりはない、とにかく橋下のDNAを暴き出すんだ、被差別部落問題の歴史もルールも無視して、すべて公にしていいんだという考え方は、僕はやっぱり許せない。たとえ言論の自由が最大限保障される報道機関であっても、日本社会においては許されないと思っている」

「完全に血脈主義、身分制度に通じる、もっと言えば、民族浄化主義、優生思想につながる、きわめて危険な思想だ」

と、週刊朝日の出版元である朝日新聞出版に抗議。同社に説明を求めるとともに、系列会社である朝日新聞と朝日放送（ＡＢＣ）に対しても、記事への見解を示すまで取材を拒否すると宣言した。ＡＢＣについては出版社と関係が薄いということで翌日撤回されたが、朝日新聞は１００％出資する親会社であり、人事交流もあるという理由で継続された。

朝日の市政担当記者は、社としての見解を求められても現場レベルでは何も答えられず、苦しい立場に立たされた。抗議の声を上げたのは他社の記者たちだった。

「私もあの報道はおかしいと思う。けれども、だからといって新聞社の取材を拒否するかどうかは、また別の問題。この議論はまず週刊朝日とするべきだと思います」（ＡＢＣ記者）

「市長は子会社とおっしゃるが、いわば別人格を持った、成人した子供みたいなもの。グループ会社であるとか、１００％出資してるとかいうことをもって取材拒否というのはやっぱりちょっと違うんじゃないか」（読売新聞記者）

編集権の独立した週刊誌の記事を理由に、新聞社の取材まで拒否するのはおかしい。マスメディアとしてはごく一般的な論理だが、橋下は「資本の論理」を持ち出して、これを拒絶した。

「不法団体がトンネル会社作って、いろいろやるのと一緒じゃないですか。もう朝日新聞は不法団体そのもの。100%子会社作って、無茶苦茶なことをやらせて、本体の方は『私は知りません。われわれはインテリですからそんな思想は取ってません』。そんな理屈は通らないと思いますけどもね。

週刊朝日の考え方が違うって言うんだったら、出資を引き上げたらいいだけの話じゃないですか。そんなの簡単なことですよ。それをやらないということは、週刊朝日の今回の記事を肯定したと受け取らざるを得ないですよね」

かなり強引な論理の飛躍がここにはあるが、記事の「被害者」である橋下に対して、これ以上反論できる社はなかった。週刊朝日はこの後、連載打ち切りを決めたが、結局、朝日新聞の第三者機関「報道と人権委員会」が見解をまとめ、出版社幹部が報告・謝罪した11月12日まで1か月近く取材拒否は続いた。大阪市役所を訪れた朝日新聞出版の社長代行（この件で社長は辞任していた）ら幹部3人は、居並ぶカメラの前で橋下に深々と頭を下げ、「週刊朝日編集部はもちろん、朝日新聞出版全体としても人権意識が欠如していた」と反省の弁を述べた。

その模様が忘れられないと、ある在阪局の関係者は言う。

「他社のことながら、あの光景はちょっとショックでしたね。頭を下げたのは出版社の人間だけど、あれは橋下氏が〝天敵〟だった朝日新聞を屈服させた、引いてはメディア全体を屈服させたように見えた。もちろん落ち度は朝日の側にあるんですけど、敵失に乗じて理詰めで攻め立て、平身低頭する相手を傲然と見下ろす視線には正直、空恐ろしさを覚えました」

出版社幹部が持参した「報道と人権委員会」の見解には、この記事が誌面化されるまでの経緯が詳細に綴られていた。「将来の首相候補」となった橋下の人物評伝を編集長が提案し、部数増対策の目玉企画と位置付けた企画段階から、顧問弁護士のリーガルチェックを受けず、役員らの修正指示も振り切って、最後は「時間切れ」で掲載に至ったチェック体制の欠陥まで。

それによれば、この連載の狙いは3点あったという。

①橋下氏を知る多くの人たちの証言を得て橋下氏の人物像に迫り、それが彼の政治姿勢や政治思想とどう関わるのかを探る。

②橋下氏の巧みなマスコミ操作を検証し、他方、メディアに今何が起きているのかを考える。

③ツイッターを多用する橋下氏の手法を通じて、政治とネット社会を探る。

最初の①の話に入りかけたところで、あえなく連載はついえたわけだが、もしもあんな記事ではなく、連載が②③のテーマにまで展開していれば、私がずっと抱えている疑問や問題意識と重なる部分も多かったのかもしれない。

幻となった連載の第1回をあらためて読んでみると、こんな記述が目に留まった。

〈橋下の言動は、すべからくテレビ視聴者を相手にしたポピュリズムでできている〉

〈視聴率が稼げるからといって、この男をここまでつけあがらせ、挙げ句の果てには、将来の総理候補とまで持ち上げてしまったテレビの罪はきわめて重い〉

〈不気味なのは、橋下の支持者たちが自分の殻に閉じこもって顔を見せないことである。彼らの多くが自分を誇示するのはツイッターの匿名世界だけである〉

記事中で展開される佐野の主張や筆致に共感するところはまったくない。しかし、橋下徹という存在を肥大させたメディアを検証する必要性は、誰もが感じているのだと思った。

朝日新聞出版が謝罪に来庁してから5日後の11月17日に石原慎太郎の太陽の党と合流した橋下率いる日本維新の会は、12月16日の衆議院総選挙で172人の公認候補を擁立。54議席を獲得し、いきなり衆議院第3党となった。

朝日記者が考える、朝日新聞が標的になる理由

多くの人が指摘しているように、橋下は旧来的な政治イデオロギーの「右派・保守」「左派・リベラル」で色分けされるタイプの政治家ではない。だから本質をとらえて報道するのに苦慮したのだ、と記者たちは言う。先にも何度か引用した『Ｊｏｕｒｎａｌｉｓｍ』の番記者座談会にはこんな分析がある。

〈例えば、「日の丸・君が代」の問題は、ナショナリストだからというより「組織マネジメント」を考えて」と本人は言っています。一方で脱原発や脱ダムのように、「左寄り」の主張も難なくとり入れている。だから、報道がすごく難しいんです。（中略）これからも変幻自在に、右でも左でもない、規格に当てはまらない政治家として泳いでいく気がします〉（ＡＢＣ・北畠記者）

〈……マスコミがやっていることとすごく似ていて、僕らも行ったり来たりするように、彼も各論で物事を考えている。だからイデオロギーの視点で見ると一貫性はない。むしろイデオロギーは邪魔でしかない。イデオロギーからも既得権からもフリーに選択して「何が今の時点で正解か」というのを、おそらく自分の中で繰り返し問い続けている。「それは世の中に受け入れられるのか」というフィルターを通して、いけると思ったものを発信しているということじゃないかと僕は思ってい

るんです〉（朝日新聞・龍沢正之記者）

なるほど、よくわかる。私には、橋下徹という人間自身が大衆（マス）の欲望を映すメディアなのだと思える。社会の多数派が、おそらく無意識に欲している行動や発言を彼は的確につかみ、演じてみせている。その欲望とはマイナスの指向性を持っている。「なんとなく得してそうなやつを引きずり下ろす」「権威をまとい、良識を語り、えらそうにしているやつを叩く」といったような。霞が関の官僚、大阪府・市の公務員、労働組合、教育委員会や学校や教師、学者・研究者、既成政党、電力会社。世論が望む「敵」を次々と見つけ、バッシングしていくことで支持を得る。

政治学者の吉田徹（北海道大学大学院法学研究科准教授）によれば、ポピュリズムの核心は「否定の政治」にあるのだという。既存の権力を敵と見なし、「人々」の側に立って勧善懲悪的に振る舞う。ゆえにポピュリストは素人っぽさや庶民感覚を売りにする、と。まさに橋下の政治手法そのものという気がする。あるいは、ちょうど彼が政治家になった頃によく言われていた、丸山眞男言うところの「引き下げデモクラシー」を体現する存在にも見えた。

そして、「なんとなく得してそう」で「えらそう」な、格好のバッシング対象がマスメディアであり、その代表格である朝日新聞だった。橋下が朝日を攻撃するのは、左派・リベラルや戦後民主主義の代表と見られているから、ではない。むしろ橋下は、自分こそが民主主義の体現者である、自分の唱える「決定できる民主主義」こそが、真の民主主義のあるべき姿なのだと繰り返し言っている。

〈朝日新聞は、結局のところ、自分たちの価値観に合うものは51％の賛成でも突破せよ。そして自分たちの価値観に合わないものは49％の反対を尊重せよと言う論。何とも民主主義をバカにした論だ〉

〈朝日新聞社説。大阪政治条例～基本的人権を制約する～やっぱりきたね。僕は表現の自由こそ、民主国家の根幹だと思っている。そういう哲学で府政、市政をやってきた。おたくの記者に聞いてくれ。そして朝日新聞にだけは表現の自由を批判されたくない〉

〈大学教授の連中は、朝日新聞の記事にめっぽう弱いからね。バカ週刊誌が記事出しても、週刊誌ごときがという態度だけど、朝日新聞にはひれ伏するのが学者様〉

彼のツイッターをちょっと検索してみれば、この種の書き込みは枚挙に暇がない。記者たちが言うように、イデオロギーからフリーに、右・左の間を変幻自在に泳ぎ、既成の民主主義観や権威に揺さぶりをかける。そういう存在なのである。

もちろん朝日新聞の記者たちも、橋下の標的が自分たちであることに気付いていた。

2013年5月3日、神戸で興味深いシンポジウムがあった。「第26回　言論の自由を考える5・3集会」。朝日新聞労働組合が阪神支局襲撃事件（1987年）から毎年開いている。

この年のパネルディスカッションは、ジャーナリストの津田大介が進行を務め、同じくジャーナリストの安田浩一、社会学者の開沼博、コラムニストの小田嶋隆、そして朝日新聞論説委員（当時）の稲垣えみ子が壇上に顔を揃えた。ツイッターなどのSNSで「つながる」社会のはずなのに、対話が成り立たず、むしろ分断が深まる現代の言論状況がテーマだったが、5時間近くに及んだ討議の中で、橋下の存在や彼をめぐるメディア状況が何度も話題に上った。

というのも、朝日の稲垣が直前まで大阪社会部のデスクを務め、先の『Journalism』

誌上で橋下報道の悩ましさを綴っていたからだ。ネットにも掲載され、大きな話題になったその文章は『世の中が見えていたのは橋下氏』朝日新聞大阪社会部デスクの嘆き」と題され、概ねこういうことが書かれていた。

橋下のことを紙面で取り上げると、「朝日は橋下の宣伝機関か」という声と「なぜ橋下さんの足を引っ張るのか」という声、両極端な苦情が読者から多数届く。従来の「お上」対「庶民」の図式に当てはまらない橋下の報道に苦慮していたある日、府立高校の国歌斉唱条例で街頭アンケートを取った。予想に反して賛成が圧倒的多数だった。リベラル・護憲を看板に良心的な世論をリードしてきたつもりが、振り返れば誰もいなかった。朝日的リベラルを世の9割が嘘っぽいと感じている。世の中が見えていたのは橋下の方だった。従来のリベラル層をも既得権益者と見なして攻撃してくる橋下に負けないよう、新聞の発想も「グレート・リセット」が必要ではないか――。

ネット空間の荒々しい言葉に日々さらされている人びとからは「何を今さら」「ナイーブに過ぎる」と批判も浴びた文章だが、私にはこの感覚はよく理解できた。

新聞記者は多かれ少なかれ、自分たちの考える「正義」や「良識」に従って日々取材をし、記事を書いている。しかし、読者の反応が寄せられることはそれほど多くない。電話の大半は単純な問い合わせか、比較的穏当な意見や感想。その新聞の論調そのものが嫌いな人は黙って購読を止めていく。だから新聞記者は議論にさらされることがあまりなく、自分たちの価値観が揺さぶられる経験も少ない。これまで通りやれば読者はついてくる。そう考える人間、特に管理職世代は多い。それは、自分自身が新聞記者を辞めた理由の一つでもある。

パネルディスカッションに登場した稲垣は、自分はネットに極端に疎く、ツイッターには怖くて手を出せないのだと自己紹介したうえで、橋下報道や新聞の現状について、言葉に迷いながらも率直に自らの見解を述べた。要約しながら、いくつか紹介する。

朝日新聞「5・3集会」から

「既得権益はダメだというのが橋下さんの大きな主張ですけども、朝日新聞にいる私たちも、既得権益は打破すべきだと当然思ってやってきました。その時に考えていたのは、わかりやすく言えばゼネコンや、自民党につながる土建業界とかで、だから必要ないダムや道路がどんどんできるんだ、と。だけど、橋下さんの言う既得権益というのは、どうも朝日新聞的なもののようだと最近明確に気づいてきたんです。自分たちが橋下さんの仮想敵なんだと。

それは朝日新聞そのものというより、先ほど小田嶋さんがおっしゃった通り、きれいな顔をしてきれいごとを言う、でも特権を持っている。自分たちは世間のいいところにいて、発言力もあり、弱者を守れとか言ってる。組合や教育委員会にしても、理想は理想としてわかるけれども、実体としては非常に既得権益化・形骸化した、もっと言えば、裏では自分たちの利益を守るために汚いこともたくさんしてるんじゃないかというような攻撃を橋下さんがするようになってきて、これがまとめて言うと、朝日新聞的なものという感じがしているんです。

右翼か左翼かではなくて既得権益者。その人たちが、小田嶋さんの言葉を借りれば、言論という暴力を独占し、さもいいことを言っているような顔をして、世間に一方的に訴えてきた。だけど実はその陰に、自分たちの言ってることが全然通らない、無視され、思いを封殺されている人たちがいて、それがネットという武器を得たことで非常に強い形で吹き出しているのが今なんじゃないかと。その中で、橋下さん的な強い言葉が大きな喝采を浴びている。そうすると反対する人もすごく強い言葉になり、冷静に中身を論じることが非常に難しくなってくる。新聞としては中身を論じたいんだけども、それを書いてもなかなか届かない。それが橋下さんの記事に正反対の反応が来る背景なんじゃないかと思っています」

「今いわゆる反マスコミの人たちにとっては、言論の自由ということ自体が特権であり、自分たちのものではなく、大マスコミが勝手に使ってきたものと受け取られている気がします。で、私たち新聞はこの言論の自由をほんとうに大切にしてきただろうか。言葉で叫んでいるだけではなく、常に言論の自由を問い直していかなければだめなんですけれども、まあ朝日新聞的に言えば、何かリベラルの一翼を担って、いろんな記事を書く時でもリベラルの文脈に則って、予定調和的なことを書いてなんとなく満足するということを、この（阪神支局襲撃）事件の後も繰り返してきて……。たとえば、日の丸・君が代の問題を記事にするにも、護憲派の学者さんに聞いて、あるいは組合活動を支援している人に聞いて、許せない、ひどいという声を集めてですね、記事を仕立てるのが、こういう伝統芸能みたいになってきて。じゃあなんで日の丸・君が代がまずいのかというところまで立ち返ったものではなくて、なんとなく朝日新聞的な共通認識の中で紙面を作り、なんとなく満足してきた気がします。

そういう予定調和に乗っからず、記事を書く人間自体がほんとうに自分が納得できる解を探していくという、まあそれがまさにきれいごとなのかもしれないですけど、でもそれしかないという気がしてるんですよ。日の丸・君が代にしても、戦後かなり時間が経って生まれた記者が、反対する先生たちのことをどのぐらいちゃんとわかるのか。起立斉唱しない先生に心から共感できるのか。そういうところに立ち返って丁寧に記事を書くしかないのかな、と」

「予定調和」な「伝統芸能」化した紙面が世間の大多数に届かなくなっている。だから「味方」だと自分たちでは思っていたのが、「敵」になってしまったのだ、と稲垣は言う。それは、社会部で言えば、警察や検察を回り、夜討ち朝駆けをして、他社とスクープを競い合う取材対象や手法についても同じだ、と。何を暴き、何を調べ、何を伝えてほしいと世間は思っているのかを深く考えることなく、旧来の、内向きの競争に奔走し、「他紙には載っているのに、なんでうちには載っていないのか」などと言っている限り、世間は、新聞が自分たちの代弁者だと感じることはないだろう、と。

新聞が標榜する「事実を客観的に伝える」「中立公正」という報道姿勢も論点になった。

民族差別をまき散らすヘイトスピーチ団体を深く取材してきた安田が、

「僕は（ヘイト団体の）在特会からも、旧来的な左派からも公正に伝えろ、と言われる。でも公正中立なんてあり得るのか。メディアはどんな立ち位置であってもいい。ただ一つ役割があるとするなら、権力への監視を怠らないということだけじゃないか」

と問題提起したのを受け、稲垣はこんなことを話している。

「まさに一番関心のあるテーマで、『事実を客観的に』ということをやってきた結果が、今のマスコミのダメさなんじゃないのかなという気が個人的にはしています。右の人はこう言ってます、左の人はこうですとだけ伝えて終わり。それがバランスを取った記事というような考え方がある。でも今必要なのは、自分がなぜこの事実をニュースとして取り上げるのかという覚悟の問題であって、その覚悟のない人が、客観的にという言葉を言い訳に使っているところがある。『事実を客観的に』という言葉をいかに乗り越えられるか、それ以上のものをどう出せるかが、今の自分の大きなテーマです」

さらに、朝日新聞の女性記者が橋下とツイッターでやり合った件についても問われ、こう語っている。女性記者は騒動の当時、まさに稲垣の下で教育問題を担当していた。

「朝日新聞の公式ツイッターという形で、個人の意見だけども公式だ、という非常に難しい運用をしていたと思います。あの問題の対応では自分もたくさん反省があるんですけども、一番よくなかったのは、炎上から騒動が大きくなって、法務部が出てくるような話になると、会社としては非常にまずいというようなところで物事が処理されていったんですね。橋下さんの（ツイッター上の発言に関する）取材拒否みたいな発言があって、読者広報には『もう購読やめます』という電話や、目に余る個人攻撃や脅迫が殺到して、何かこう会社にすごく迷惑をかけた、みたいな側面が大きくなってしまった。

彼女のやったことも全面的によかったとは思いませんけども、危機に立った彼女をどう守るかという点がかなり後退してしまった。ああいうことはツイッターで記者が発信していくと当然起こり得るわけですが、その時に会社がどういう構えを取るのか、あまりシビアに考えていなかった。事が起きると慌ててしまって、非常にこう、個人にしわ寄せが行くような形で結果的に収束が図られてしまったんです。私はツイッターの世界に行くのが怖いと言いましたけども、その怖さに対する覚悟が会社にあまりなかったように思います」

これを受けて、コラムニストの小田嶋が興味深いことを語っている。小田嶋は、稲垣が書いた先の文章を「ナイーブに過ぎる」と批判していた一人。実名のツイッターで発言しては罵詈雑言や中傷を数々浴び、それを切り返すことを一つの「芸」のようにしている。

「喧嘩両成敗って言葉がありますよね。ケンカしてる人間は両方とも悪いよっていう思想ですが、それは要するに秩序が保たれている状態が最善だって考え方です。どっちの主張に理があり、どっちが間違ってるのかにかかわらず、二人とも成敗してしまうというのは、学校でもそうですけど、日本の組織が絶対持っているトラブル処理の仕方なんですね。

喧嘩やトラブルを起こして、おまえ、会社に損害をかけただろみたいな理由で処分されちゃうとしたら、言論をやっている人間は何もできなくなる。トラブルの起こらない言論活動をしようということになると、まったく刺激のない言論を書こう、あるいは反対者のいない所に石を投げようみたいな、どうにも後ろ向きな話になると思うんですよ。

さっきの客観報道の話もそうで、客観報道っていうのは、トラブルを避けたいとか喧嘩両成敗であるとか、あるいはもう少しはっきり言えば事なかれ主義ですよ。その言い訳として使われてきた経緯がある。『複眼』ならまだしも、客観なんてものが実際成立するのか。そんなのお客さんの見方じゃないですかと私は感じますね。言論を商売にする言論機関であれば、トラブル上等、トラブル・イズ・マイ・ビジネスぐらいな覚悟がないと、ほんとうはいけないんではないだろうか、と思います」

この日の討論は、進行役の津田が形容したように、「朝日新聞への叱咤激励会」の様相となり、稲垣は、壇上の論者やネット中継の視聴者から、朝日新聞への批判や質問を一身に受ける格好になった。それはそれで非常に面白かったのだが、満員の会場を見渡せば、白髪で、どこか似たような印象を受ける服装の、おそらくは団塊世代前後の人たちがほとんど。「旧世代の左翼リベラルの集会」といった雰囲気に、私は朝日のみならず新聞の置かれた現状を痛感せずにはいられなかった。

朝日新聞の関係者によれば、橋下とツイッターでやり合った女性記者は、その後しばらくして教育担当を外れ、休職した後、復帰したという。稲垣はこの後に東京本社の編集委員となったが、2015年9月、朝日新聞を退職することを決意したとコラムで表明した。

第4章

批判できないメディア

集中連載「橋下徹とメディア」

朝日新聞労組の「言論の自由を考える集会」での討論を聞いてからわずか10日後、まさに「朝日新聞的リベラル」の価値観に関わる騒動が起こる。

橋下のいわゆる「従軍慰安婦」発言である。

2012年末の総選挙で自民党が大勝し、政権に復帰した安倍晋三内閣が高い支持率を誇る中、歴史認識問題が再燃していた。これを受けてのことだろう、橋下はツイッターなどでしばしば慰安婦問題に対する意見を述べていた。普通は大阪市長が発言するようなテーマではないが、国政政党の共同代表として立場を示すべきだと考えたのかもしれない。その内容は「慰安所・慰安婦は戦時中、どの国も有していた。日本が国家として強制連行した証拠がない以上、日本だけが責めを負うのはおかしい」といった、07年の第一次安倍内閣の閣議決定を踏まえたもので、河野談話の見直しにも言及していた（朝日の女性記者とのツイッター上での応酬は、もともとそれがきっかけだった）。

13年5月13日、登庁時の囲み取材で「植民地支配と侵略をお詫びする」という村山談話への見解を問われた橋下は、「敗戦の結果として『侵略』という評価になった」と、これまた従来の持論を繰り広げ、さらに従軍慰安婦問題に踏み込んで、こんな発言をした。

「当時、慰安婦制度が必要だったことは誰でもわかる」

慰安婦の「必要」を橋下自身が肯定した、とも受け取れる発言だった。これが大きく報じられ、国際的に波紋を広げると、橋下は「誤報」であるとメディアに責任を転嫁し、事態の収束を図ろうとした。

在阪メディアと橋下のいびつな関係を私は常々感じていたが、本格的に検証する必要があると考えたのは、これがきっかけだった。大阪市役所の囲み取材や定例会見に通い、「橋下徹とメディア」と題する全5回のルポを現代ビジネスに連載した。

今となっては、また少し違う見解を持つ部分もあるが、大筋では当時と考えは変わっていない。これまでの記述と重複もあり、少し長くなるが、全文引用する（見出しや一部表現は修正した）。

第1回「囲み取材」という放談会が生んだ「従軍慰安婦」発言【前編】

◉大阪市役所5階でニュースは「作られる」

大阪市役所の5階は他のフロアに比べて照明がぐっと抑えられ、エレベーターホールから続く通路は昼間でも休庁日のようにひっそり静まり返っている。

フロアの南側は「Ｏｆｆｉｃｅ ｏｆ ｔｈｅ Ｍａｙｏｒ」と文字の入った磨りガラスの壁で仕切られ、奥へ進めば市長室、副市長室、秘書たちが控える政策企画室秘書部と二つの応接室。反対の北側には「大阪都」構想を推進する府市大都市局、市長が指示した政策やプロジェクトを担当する政策企画室企画部、広報広聴や報道機関に対応する同室市民情報部、そして市政記者室がある。

つまり、市幹部の執務室および市長直轄の重要政策を扱う中枢部門と、それを〝監視〟する報道機関が一つのフロアに同居し、市長室は南東角、市政記者室は北西角と、対角線上で相対している。照明を落としているのは、一般市民の出入りが少ないためか、あるいは威厳や重厚感の演出だろうか。単に節電が理由ではないらしいが、職員に聞いてもはっきりしたことはわからない。

市政記者室、いわゆる記者クラブには新聞・通信社14社、テレビ・ラジオ局7社の計21社が加盟している。このうち記者を常駐させているのは12〜13社。２０１１年暮れ、橋下徹が市長に就任すると同時に各社とも担当記者を増強し、最も手厚い全国紙だと5〜7人をクラブ員として登録している。

常時30人はこの部屋に詰めているはずだが、定例記者会見などが開かれる時以外、室内は静かだ。社ごとにパーテーションで区切られた「ボックス」と呼ばれるスペースに籠り、会話や電話も声を潜めてする。競争の激しい記者クラブほど、そういう光景になるのは全国どこでも同じだろう。

一見閑散としたその市政記者室よりも、よほど頻繁に会見が行われ、報道陣でごった返す場所が同じフロアにある。エレベーターホール前の、例の薄暗い通路である。橋下は登庁と退庁の際、ここで待ち構える記者たちの前に立つのが日課になっている。「囲み取材」と呼ばれる慣習は府知事時代に始まり、市長に転じた後も「府庁と同様に」との橋下の意向で通算5年あまり続いている。

1か月半を経た今も尾を引く橋下の「従軍慰安婦は必要だった」発言は、5月13日登庁時のこの場で飛び出した。同じ日の退庁時には、沖縄・普天間基地の米軍司令官に対して「風俗活用」を勧めたことを橋下自身が明かした。ふたつの発言は国内外から批判と反発を招き、橋下は釈明に追われることになった。共同代表を務める日本維新の会への風当たりも強く、党内の足並みは乱れた。

橋下はその後、「風俗活用」発言については撤回し、「米軍と米国民に向けて」謝罪したが、「従軍慰安婦」発言については「間違ったことは言っていない」とし、反発が広がったのはマスメディア、主に新聞の「誤報」のせいだという（途中から言い始めた）主張を変えていない。

名指しで執拗に批判された朝日新聞と毎日新聞は5月末になって、それぞれ大阪本社の編集幹部による反論を載せた。そこにある通り、これは誤報などではまったくないと私は思うし、毎日新聞の編集局長が書いた

〈文脈から伝わったのは、従軍慰安婦問題の見解や歴史認識以前の、橋下氏の人権感覚、人間観ではないだろうか〉

〈原因は橋下氏の発言、言葉そのものにある〉

〈政治家であるならば、冷静で吟味された言葉で語るべきだ。荒っぽい言葉を「本音」ともてはやすことは、人を傷つけるだけでなく、国益も損なうことを今回の問題は示している〉

という指摘に、全面的に同意する。

しかし一方で思う。橋下徹という人物にこれほど言いたい放題を許し、発言力と影響力を与えてきたのは、ほかならぬマスメディア自身ではないか。彼の詭弁・すり替え・責任転嫁の論法、「本音」や「決断」という名の暴言暴論、恫喝的で攻撃的な悪口雑言を垂れ流し、それに有効な反論・

批評を加えられなかった主に在阪メディアが、彼をここまで増長させたのではなかったか。

今回は、彼が自らの発言によって窮地に追い込まれたほとんど初めての事態――これまではどんな危機を招いても、その恐るべき弁舌によって切り抜け、逆に支持を拡大してきたように見える――となった。これを契機に、橋下と彼を取り巻く在阪メディアの関係をあらためて検証しておくべきだろう。

一連の発言による騒動の余波が続いていた5月下旬から6月中旬にかけて、私は囲み取材や週1回の定例会見に何度か通ってみた。

橋下と記者団の間でいったいどんなやり取りがなされ、そこでの発言はどのように切り取られるのか。両者はどのような関係にあり、どういう雰囲気の中で取材が行われているのか。会見の模様はすべて動画に記録され、ネットで公開されてはいるが、実際にその場を見ないと何もわからないと思ったからだ。

橋下をめぐるニュースが報じられる、というより、積極的に「作られていく」過程を、である。そして、聞いてみようと思った。日々この場に集まって橋下の一挙手一投足を見つめ、片言隻句まで追いかけている記者たちは、ほんとうのところ何を考えているのか。

◉記者たちの自負、メディアスクラムの現実

5月28日。この日は午後2時半の退庁予定に合わせて囲み取材が設定されていた。橋下が東京の日本外国特派員協会で長い釈明会見を行った翌日のこと。市政担当の記者たちは当然、前

日の会見を注視していた。東京まで出張した者もあったが、海外メディア向けの〝火消しパフォーマンス〟を終えた感想や事態収束への手ごたえを本人に直接聞ける機会は、これが最初だった。

開始30分ほど前にエレベーターで5階に着くと、すでに6〜7台のテレビカメラがずらりと壁に向かってセットされていた。同じ数のカメラマンがおり、三脚の足下では集音マイクやケーブルを手にしたスタッフが押し合うようにして床に座り込んでいる。が、特段張り詰めた雰囲気でもない。所在なく通路を行き来したり、スマートホンをいじったりしている。

元従軍慰安婦の韓国人女性2人が橋下と面会することになっていた（結局取り止めになったが）24日には、国内外から約120人の報道陣が押し寄せて大混乱となったが、既に〝通常運転〟に戻りつつあるのだろう。通路の薄暗さと相まって、どこか眠たげで、あくびをかみ殺すような空気すら漂っていた。

しばらく待っていると、クラブで待機していた記者たちがちらほら集まり始めた。新聞・通信社の写真記者は脚立を広げたり、ちょっとした空きスペースに潜り込んだりして、少しでもよい場所を確保する。磨りガラスの壁の手前には小さなU字カウンターがあり、数人の記者たちがノートパソコンを広げてスタンバイを始めた。いずれもまだ20代か、せいぜい30歳過ぎぐらいに見える。

彼らはいざ主役の橋下が登場すれば脇目も振らず（主役に背中すら向けて！）記者団とのやり取りを一言一句に至るまで詳細に、かつ猛烈なスピードで書き起こす。若手に与えられる速記者の役回りである。

職務を着実に果たすため、彼らは1時間も前から社名入りの名刺を置いてカウンターの場所取りをする。もちろん、より正確を期すために録音も忘れない。囲み取材が始まれば、橋下の目の前に置かれた膝の高さほどの机にICレコーダーがひしめき合う。20個以上になろうか。

さらに時間が迫り、開始予定10分ほど前になると、もう少し先輩格の記者たちが三々五々、ノートを手に姿を見せる。現場取材を統括し、社内のデスクとのパイプ役になる新聞各社のキャップの顔もある。彼らで40代だろうか。橋下とほぼ同年輩だ。

総勢40～50人に膨らんだ報道陣を見渡し、「記者章、腕章を見えるように付けてくださいねー」と声を上げているのは橋下の秘書だろう。眠たげなアイドリング状態だった空気が少しずつ引き締まってくる。

主役の登場を待つ間、大勢の記者たちは肩を触れ合うようにして立っているが、会話らしい会話はあまりない。まもなく会見が始まる緊張感……というより、そもそも毎日顔を合わせる市政担当記者同士であっても、社を越えた交流は少ないのかもしれない。

それでも、ぽつりぽつりと当たり障りのない会話が耳に入ってくる。

「松井（府知事・日本維新の会幹事長）のアメリカ視察には同行されるんですか」

「いやあ、行ってもねえ……。観光とか買い物でもする暇があればいいですけど、どうせホテルとの往復でしょ」

「ですよね。私も全然休みが取れてなくて……」

やれやれ、やってられない……という調子で多忙を嘆き合う会話に、日夜仕事に追われる充実感や「大きなニュースを追いかけている」という自負心が微妙に滲む。別に皮肉ではない。事件・

事故や政局に遭遇した記者とはそういうものだ。

世の中の注目度が高い取材対象を追っていると思えばこそ多忙に耐えられるし、仕事をしている実感も湧く。自分の発信するニュースが紙面で大きく扱われるほど、あるいは、番組で割かれる時間が長くなるほど、やりがいや誇りを感じる。大阪発で全国ニュースを連日発信していることを意気に感じてもいるだろう。

私自身、新聞記者だったから気持ちはわかる。事件記者でも特ダネ記者でもなく、むしろ報道の論理や正義に違和感を覚え、あまり馴染めなかった私ですら、同じようなことはままあった。いや、何も記者に限らない。自分の仕事が世間に注目されれば単純に嬉しい。価値ある仕事をしていると信じられれば自負心も膨らむ。どんな職業でも、それは同じだろう。

この日、橋下の退庁時刻はずるずると遅れた。通路で待つ報道陣は、秘書が運んでくる「もうちょっと長引きそう」「もうまもなくです」という情報に応じて何度か満ち引きを繰り返した。

ようやく橋下が現れる頃には予定を1時間半近く過ぎ、午後3時50分になっていた。磨りガラスの向こうを橋下が歩いてくる気配を感じ取ると、テレビカメラに装着されたライトが一斉に点灯された。薄暗かった通路は煌々と白い光に包まれ、即席のスタジオと化す。足早に歩み出た橋下は、屈強そうな2人のSPを両脇に伴って壁際の定位置に立つ。すかさずストロボが連射される。

最初に声を上げたのは、少し年嵩のテレビ局の記者だった。

「市長、昨日の特派員協会での会見ですが、理解を得られたとお考えですか」

「いやあ一回では無理でしょう。それは」

明快な語り口で即答する。日本で最も「発信力がある」とされる政治家と、彼に群がる記者団によるメディアスクラム（集団過熱取材）の始まりだ。断っておくが、これは決して特別な風景ではない。ほとんど毎朝夕、大阪市役所5階で繰り広げられている日常のひとコマである。

第2回「囲み取材」という放談会が生んだ「従軍慰安婦」発言【後編】

◉「誤報」発言をなぜ問わないのか

囲み取材をこの目で見てみたい、そして、橋下と在阪メディアの関係を検証する必要があると私が考えたのは、例の「従軍慰安婦」発言から1週間も経ってからだった。実を言えば、最初の発言そのものにはさほど関心を払わなかった。彼ならそういうことを言うだろうな。そう思っただけである。

居酒屋あたりで居合わせたおやじ客に、マッチョで身勝手な、下卑た話を聞かされたような不快感は少なからずあったが、過去の発言や振る舞いを見れば、彼の人間観や女性観、人権感覚とは「そういうもの」であろうことは想像できる。発言内容の是非はともかく、「異論や批判を恐れず〝本音〟を率直に語る」物言いやキャラクターが彼の身上であり、それゆえ一部の人びとに熱狂的に支持されてきたことも知っている。

それに、5月13日の発言全文を詳細に読み、会見の動画を見てみると、文章構造上の解釈や含意の受け取り方はさまざまあるとしても、巧妙に表現を選んでいるように見えた。問題の発言箇所は、記者の一つの質問に対し、10分以上もかけて持論を述べ立てる中にあった。

「認めるところは認めて、やっぱり違うというところは違う。世界の当時の状況はどうだったのかってこと、やっぱりこれは近現代史をもうちょっと勉強して、慰安婦っていうことをバーンと聞くとね、とんでもない悪いことをやってたっていうふうに思うかもしれないけども、当時の歴史をちょっと調べてみたらね、日本国軍だけじゃなくて、いろんな軍で慰安婦制度っていうものを活用してたわけなんです。

そりゃそうですよ。あれだけ銃弾が雨嵐のごとく飛び交う中で命かけてそこを走っていく時にね、そりゃあそんな猛者集団と言いますか、精神的にも高ぶってるような集団をやっぱりどこかでね……その、あのー……まあ休息じゃないけれども、そういうことをさせてあげようと思ったら、慰安婦制度っていうのは必要なのは、これは誰だってわかるわけです」

何かのスイッチが入ったように滔々と淀みなく言葉を繰り出しながら、また、ふつうの政治家なら慎重に構える話題を挑発的に語っていながら、言葉尻をとらえられたら、どうとでも反論や言い逃れができるような表現だと思った。かつて『最後に思わずYESと言わせる最強の交渉術』なる指南書を出版し、「詭弁も、言い訳も、うそもあり」と堂々と説いてみせたほど、弁舌に絶対の自信を持つ橋下らしいと言えば、橋下らしい。

挑発的な言動で注目を集め、批判されれば天才的（いや、悪魔的というべきか）な論争術を駆使して反駁する、という手法。この時も、当初は〝独演会〟の成功に彼自身満足していたのかもしれない。

「従軍慰安婦発言」がまず当日の各紙夕刊で報じられ、さらに「風俗活用」発言も合わせた続報が載った5月14日の朝刊段階において、橋下はツイッター上で新聞報道をこう評していた。〈批判の急先鋒に立つ朝日新聞も、僕の発現（※原文ママ）を比較的正確に引用してくれていた〉〈毎日新聞も僕に対する批判の急先鋒だが、かなりフェアに発言要旨を出している〉〈これから選挙も近づいてくるので、色々煽ってくるでしょうが、それでもこの毎日の一問一答がある意味全て〉

ちなみに、新聞各社のニュース判断は初報段階から温度差があった。橋下が「批判の急先鋒」と見なす朝日と毎日は揃って一面や社会面で大きく扱った。大阪本社最終版の見出しと扱いは、それぞれこうだ。

【朝日】
13日夕刊1面〈橋下氏「慰安婦必要だった」／「侵略、反省・おわびを」〉
14日朝刊第一社会面〈「慰安婦は必要」波紋／橋下氏発言／市民団体「声聞いて」研究者ら「国益上危険」〉

【毎日】
13日夕刊1面〈橋下氏「慰安婦必要」／第二次大戦中　軍隊休息の制度〉
14日朝刊第一社会面〈「女性への冒とく」／市民団体憤りの声／歴史認識疑問視も〉

両紙とも発言を報じた本記と、市民や関係者の反応をまとめた雑感に加えて、社会面に発言要旨や一問一答、研究者らの談話を載せ、3面などで中央政界への影響や反応を展開している。

これに対し、読売と産経の初報はいずれも夕刊2面という地味な面で、「いちおう入れておいた」という程度の小さな扱い。読売の14日朝刊は「慰安婦拉致への日本政府の関わりを橋下氏が強く否定した」という内容がメインで、「風俗活用」発言には文中で短く触れるのみだった。

しかしいずれにせよ、橋下は最初のうち、発言の報じられ方に満足していた。テレビのコメンテーターに向けては「全文を読め」「小金稼ぎのコメント」などと不満を露わにしていたが、少なくとも新聞報道に対しては「よく書けている」と言わんばかりだった。言い分が180度変わったのは、15日昼前に投稿したツイッターからである。

〈朝日新聞が批判の急先鋒に立つのは分かるが、今回の報道はフェアじゃない。僕はフェアかアンフェアかを重んじる。朝日新聞は見出しで、僕が「現在も」慰安婦が必要だと言っているような書き方をしている。これは汚い。僕は「当時」は世界各国必要としていたのだろうと言ったのだ〉

事後の説明によれば、朝日の14日朝刊社会面およびネット掲載時の見出しを指しているのだという。その当否はともかく、橋下はここからはっきりとメディア攻撃に転じた。「反発を招いた責任は自分の発言にはなく、メディアの報じ方にある」と主張し始めたわけだ。

17日退庁時の囲み取材では、朝日の記者が言葉遣いの不用意さを指摘したことに激昂し、「じゃあ囲み全部やめましょうか」「一言一句全部チェックしろと言うんだったらやめます」と打ち切りを宣言。去り際に「今回は大誤報をやられたんでね」と言い放った。

ところが、土・日曜を挟んだ週明け20日の退庁時、橋下はまたこの場に現れた。そして、記者たちは「誤報」と断じた理由を質すことも、抗議することも、謝罪や撤回を求めることもなく、いつものように彼を囲み、彼の主張に粛然と耳を傾け続けたのである。冒頭で橋下が語った囲み取材再開（実は一度も中止になっていないのだが）の理由はこうだ。

「このまま市長を辞めるまで囲みを受けないわけにはいかない。どこかで再開する時に、期間が開いてしまうと、自分のメンツを気にしていろんな理由を付けないといけない。そういう状況になるぐらいだったら、早く再開してしまったほうがいい」

意味がわかるだろうか。正直、私にはよく意味がつかめない。いや、日本語として理解はできるが、理由にも何にもなっていない。その日の夜遅く、ネットでこのニュースを見た私は驚いた。記者たちはこれで納得したのだろうか。いや、それ以前に彼らはなぜ橋下の「大誤報」発言に反論しないのか。

メディアの根幹である報道の信頼性を毀損する問題である。どこがどう誤報か、説明を求めないのか。当初「正確」「フェア」だと言っていたのが豹変した理由を尋ねないのか。何より、記者たちはなぜ再びいそいそと囲み取材に集まるのだろう。こんな放言を不問に付したまま。

◉橋下とメディアは〝共依存〟に陥っている

橋下は囲み取材打ち切りを宣言した晩から週末にかけて、例によって憑かれたようにツイッターに大量の投稿をしている。朝日の記者を名指しで批判し、報道のあり方について講釈を垂れ、毎日に対しても「頭悪い」「バカ」などと罵詈雑言を浴びせた。にもかかわらず、囲み取材再開に当たって、両社ともこれに抗議や反論をした様子はない。

それどころか、橋下の怒りを買った朝日の記者は「一言一句、全部正確にしゃべれと言ったつもりはございません」と自身の発言を釈明し、同社の別の記者はそれに重ねて「（慰安婦制度が）必要とは何だったのか（どういう意味なのか）質すべきだった」と、取材の至らなさを反省する弁まで述べていた。

若気の至りで教師に食ってかかった優等生が我に返り、友人の援護を得て謝罪している……そんなふうにも映る2人の記者の釈明を、橋下は敢えてなのか視線を外し、鷹揚に構える教師のように何度も頷きながら聞いていた。

なんなのだ、この画は……。いくらなんでもこれはないだろう。ネットで動画を見ながら、私はこんなものを見ている自分自身が屈辱的な気分になった。

この囲み取材という場は完全に橋下に支配されている。「取材」などではなく、ありがたく彼のお言葉を聞く〝放談会〟になっている。マスメディア以上にマスメディア的手法を心得て巧妙に使いこなすテレビ育ちのタレント政治家に、記者たちはすっかり足下を見られている。そして、これが異常な状況だということに気付いていない。いや、気付いていてもやめられなくなっているのか……。

情けない思いとともに、疑問が次々と湧いてきた。

そもそも、たとえ公党の代表とはいえ、大阪市政に全く関係のない政治家個人としての発言と、それへの釈明を、市役所で毎朝毎夕聞いてやる必要がどこにあるのか。行政と政治の分離を公務員に厳しく迫り、職員の政治的行為を制限する条例を作ったのは橋下自身ではないか。

橋下に問えば「市長は特別職であり、自分は政治家だ」とでも言うのだろう。だが、そのことを敢えて追及する記者はいないのだろうか。デスクや編集幹部はおかしいと思わないのだろうか。勝手にキレて、囲み取材をやめると本人が言ったのだ。これ幸いとボイコットしたっていい。市長としての説明責任を果たすには週1回の定例会見があるし、市政や彼の政党に関して問うべき課題があれば、その都度ぶら下がりでも単独インタビューでもすればいい。

いや、もしかしたら、緊急の記者クラブ総会が開かれ、クラブ全体で抗議書面でも出しているかもしれない。橋下が公に謝罪はしないまでも、水面下で何らかの〝手打ち〟をしたうえで、囲みの継続を合意したのかもしれない。それなら少しは話もわかる……と、そんなことを考えたりもした。

私も新聞記者時代、そう長い期間ではないが、行政の記者クラブを担当したことがある。与党の政治家に張り付いたこともある。だから、日常的に顔を合わせる相手とは、付かず離れず、是々非々で、しかし全体的には良好な関係を保ちたいという気持ちは十分理解できる。取材相手とケンカばかりしていては日々の仕事に差し支えるからだ。

また、私は、権力に対しては揚げ足取りでも牽強付会でも意図的誤読でも、あらゆる手を使って批判すべきだというような〝スキャンダリズム的反骨心〟も持ち合わせてはいない。派手なスキャンダルやトピックをつまみ食いすればいい他のメディアとは違い、新聞というのは日々の地道な取材活動と人間関係によって作られている。そのことは十分わかっているつもりである。

だが、橋下とそれを取り巻く在阪メディアの〝共依存関係〟はさすがに限度を超えている。

異様だと思う。彼を重要な取材対象たらしめているのは、彼に群がっている自分たち自身だ。マスメディアはそのことを自覚し、そろそろ真摯に自省した方がいい。

先述した通り、私はここで「従軍慰安婦」発言の是非や橋下の歴史認識を問うつもりはない。彼にすれば「いつもの考え」を「いつものように」発しただけであろうし、あの発言をあげつらうならば、もっと暴力的な物言いで、日本の「侵略」自体を否定する政治家はいくらでもいる。けれども「誤報」に関しては違う。朝日と毎日が反論記事を載せたとはいえ、彼はいまだにその主張を取り下げず、発言は流布し続け、「誤報どころか、捏造だ」などと言い募る〝マスゴミ〟言説まで現れているのだ。放っておいていいとは思えない。

誤解のないように付け加えておくが、私はマスコミ嫌いでも記者クラブ廃止論者でもない。「記者クラブが権力と癒着して情報を独占している」みたいな一面的かつ陰謀論的な批判には同意しない。また、「記者クラブメディアは信用できない。ネットにこそ真実がある」だの「これからのジャーナリズムを担うのは市民であり、彼らが書いたり撮影したりしたものを編集せずにネットに流せばいい」だのといった素朴なネット礼賛や市民ジャーナリズム賛美にも与しない。そこに何らかの可能性がないとは言わないが、正直、相当に難しいし、下手をすればかなり危険なことになるとも思っている。

私はただ、ごく真っ当な取材能力と批評精神を持ったプロの記者が取材・執筆し、正確なニュース判断と編集能力を備えたマスメディアが報道・論評する記事を読みたい、あるいは、番組を観たいだけである。それをするために、あの毎朝夕の囲み取材という名のメディアスクラムが必要だとはどうしても思えないし、それをするためには、マスメディア自身が橋下に関する報道を振り返り、検証しなければならない。そう考えている。

そんな思いを抱えて、私は大阪市政や橋下を取材する記者を訪ね歩き、在阪メディア各社に取材を申し込んだ。予想した通り、多くは取材に応じてもらえなかった。しかし、何人かは私の主旨を理解し、率直な思いを語ってくれた（ただし、無理もないことだが、ほぼ全員、匿名が条件である）。

取材・編集の現場にいる彼らの考え、分析、反省、それに悩ましさを紹介しながら、「橋下徹とメディア」の関係を検証してみようと思う。まずは、なぜ囲み取材が始まったのかという話から――。

第3回「フェアな競争」に踊らされる記者たち

◉時間無制限、何でも質問OK、フルオープンの場

「僕がやってるこの囲み取材は、たぶん日本の政治家では（他に誰も）やってない、ある種特殊な取材。時間無制限で、質問も何でもOKだ」

「こういう（特殊な）囲みをやってるという認識の下に、記者は記者なりの矜持を持って権力者側と対峙してもらいたい」

「僕は質問を受けて、『コメントはしません』とか『後日ペーパーにまとめます』ということをやらなかった。やらないという主義で（囲み取材を）やってきた」

5月20日、いったん中止を宣言した囲み取材をやっぱり続けることにした際に橋下が記者団

に語った言葉である。

いずれも彼が常々誇らしげに語っていることだが、付け加えて言えば、記者クラブ加盟社でなくとも報道関係者であれば誰でも参加でき、その模様は全編動画でネット上に公開されるという「フルオープン」の場である。それを、登庁日には基本的に毎朝夕やるというのだから、取材を受ける側からすれば思いきった、ずいぶん豪胆なルール設定だ。

「それが国民の知る権利への奉仕だと思っている」と橋下はツイッターに書いている。なるほど一理ある。記者会見やインタビューになかなか応じようとしない政治家や組織よりも、よほど国民・市民・有権者への「説明責任」を果たしていると言える。

報道機関にとっても、取材の機会は多いほどいい。木で鼻をくくるような官僚的答弁や「その件は持ち帰って……」みたいなその場逃れを繰り返されるより、明快に即答してくれるほうがよほどいい。意見や立場やキャラクターがわかりやすく伝わり、ニュースに仕立てやすい。良いことずくめのように思える。

だが、これは裏を返せば、橋下がマスメディアをまったく恐れていないということではないのか。少しばかり口が滑って失言や暴言が出てしまったとしても、どのようにでも言い逃れられる。不用意な発言を追及されたり、都合の悪い点を突っ込まれたりしても、記者に反駁し、論破し去ることなどたやすい。そう考えているのではないだろうか。

彼がたびたび口にするメディア批評的な発言、取材の仕方や報じ方や記者の姿勢への注文、それに、これまで批判的な報道をされた時に取ってきた対応と言動を見ていると、私にはそうとしか思えない。

自分の弁舌やマスメディア対応への絶大な自信が、囲み取材という特殊な形となって表れている。そして、橋下はこの場を存分に利用して、自らの主張と政治的メッセージ——国家観や社会観、外交や安全保障、司法、地方自治、経済・労働問題、医療・社会保障、教育や文化など、ありとあらゆる問題に対する持論やコメント——を発信し、政治家としてプレゼンスを高めようとしている。そうでなければ、こんな面倒なことはふつうやらないし、5年あまりも続かない。

当初は違ったかもしれない。純粋に首長としての「説明責任」を果たそうと、記者の質問に真摯に答えていただけかもしれない。実際、大阪府知事就任当初の橋下を知る記者たちに聞けば、そういう印象を語る者が多い。

「彼も最初は役所のひどい状況を変えたい、そのためにはメディアの力が必要だという純粋な思いだったんですよ」

「役所を大きく変えるんだという高揚感が取材する僕らの側にもあった。年齢が近いのもあって、橋下さんに同志的な連帯感のようなものを感じていました」

だが、この5年のうちに橋下とマスメディアの間には、完全に主と従、あるいは上下というべき非対称な関係ができてしまった。

政治や権力がマスメディアを利用しようとしたり、手なずけようとするのは別に珍しいことではない。むしろ当然のことだ。そうやって自らの影響力を高め、権勢を保とうとするのは、いつの時代でも、どんな社会でも変わらないはずだ。

問題は彼らと対峙するメディアの側にある。自分たちが利用されようとしている、利用されているかもしれないことに自覚的になれるか。時に自省し、立ち止まって検証することができるか。大阪市役所で橋下に群がる記者団を見ていると、そうした意識は希薄なように思える。危機感がないわけではないだろう。しかし、外から眺める私たちとのギャップはかなり大きい。

◉囲み取材はいつから、なぜ始まったか

そもそも、囲み取材はいつから、どういう経緯で始まったのか。私は、府知事時代の橋下を担当していた在阪テレビ局記者に聞いてみた。

「府知事就任から1か月ほどは自宅マンションへ行ってたんです。初登庁の朝、マンションから出てくるところを撮ろうと、各局のカメラが待ち構えていたのも覚えています。取材に行くと、車に乗り込むまでの短い距離ですが、橋下さんは必ず立ち止まってこちらの質問に答えてくれました。一問一答を5つ程度の短いやり取りでしたけれども。

当時は府の予算をいったん凍結して暫定予算とし、収入の範囲内で組み直すという異例の事態でしたから、どの部分が削られるのかが焦点だったんです。夜も帰宅時間を狙って通い、今日一日の動きを取材してました。だから府政についての話題がほとんどでしたよ」

つまり、取材の常套手段である夜討ち朝駆けである。ただし、物陰や暗がりに隠れて取材対象者を待ち、玄関先でつかまえて手持ちの材料を「当てる」というようなそれではなく、「若き改革派知事」の画が欲しいテレビ局主導の「撮影」に近いものだったようだ。

別のテレビ局関係者は「MBS（毎日放送）の夕方のワイド情報番組が初登庁の朝から連日彼を追いかけた。それが慣習化したのだと思う」と記憶をたどる。MBSといえば、「茶髪にサングラスの弁護士」だった橋下を最初にマスメディアに登場させた局である。

2000年6月、同局の深夜ラジオ番組でのことだった。これを機に、橋下は在阪各局のローカル情報番組で人気コメンテーターとなり、さらには、そのキャラクターと話術に目を付けた放送プロデューサーのデーブ・スペクターの後押しによって、あっという間に全国区のタレント、コメンテーターとなっていった。東西合わせてレギュラー番組は最大9本を数えた。

在阪テレビ各局が熱心に橋下を追いかけたのは、先の記者が語ったように府政改革の行方への関心はあったにせよ、それ以上に、自分たちが見出し、育て、政界へ送り出した人気者を見守り、応援する感覚が強かったのだろう。財政破綻寸前にもかかわらず、仕事もロクにせず、安定した給料をもらい、税金を無駄遣いする役所に切り込んだわれわれ庶民の代表――。そんなテレビ的にわかりやすい構図とイメージが、彼の人気を支えていたことは否めない。

この朝晩の取材場所はほどなく大阪府庁に移る。家族への影響を懸念した橋下と報道陣が「取材は府庁で」と合意したらしい。今度は府庁正面玄関の大階段前が取材場所となった。やはり当時の府政を担当した別のテレビ局記者は言う。

「府庁での取材は当初、朝だけでした。独自ネタがあれば、退庁時に待ち構えてこっそり聞きましたけども。朝の取材も、うちの場合、最初の頃はカメラなしで話だけ聞くとか、記者がハンディカメラで撮ることもあった。でも、毎回欠かさず大型のENGカメラを出す局もあって。そうするとやっぱりうちも、となりますよね。当時のハンディカメラだと映像も良くなかったですしね。で、そうやって取材態勢が大がかりになってくると、玄関では出入りの邪魔になる。ENGカメラが庁内を動き回って苦情が出たこともありますしね。そういうことを避けるために、カメラは1か所に固定して取材は決まった場所でやってください、と府庁側から要請があった。それが、知事室のある3階の吹き抜けのスペースだったんです」

府庁の広報広聴課に問い合わせてみたが、このあたりの経緯は記録に残っていないという。記者クラブとの申し合わせ文書のようなものも存在しない。つまり、囲み取材は公式なものではなく、あくまで「たまたま通りかかった橋下を報道陣が呼び止めて質問する」という体裁で始まり、彼が市役所に移った現在も、その位置付けのまま続いている。ちなみに、今の松井一郎知事（日本維新の会幹事長）も同じ形で囲み取材を受けているという。

橋下が「僕は『任意の取材』に最大限応じている」と言うのは、だから正しい。クラブが要請・主催して開く記者会見でも、市長や行政側が時間を設定し、報道陣を集める記者発表でもないからだ。テレビの中でとりわけ際立つ橋下のキャラと発言を求めて、マスメディアが競争と横並びを繰り返すうちに肥大化し、固定化した。それが囲み取材という異例の場なのである。

◉強者が高みから唱える「フェア」の論理

しかし、この位置付けの曖昧な「任意の取材」は、いくつかの問題をはらんでいる。

一つは、どういう立場での発言なのか、よくわからないことだ。

橋下の日々の登庁・退庁予定時刻と取材時間の有無は、市役所の報道担当が毎夕、記者クラブに知らせている。加盟社でなくても参加できるので、私のようなフリーランスでも問い合わせればすぐにわかる。市役所が窓口になっているのは、あくまで「大阪市長が市政に関する質問に答える場」と見なしているからだ。

ところが、橋下は市長であると同時に、国政政党「日本維新の会」の共同代表であり、地域政党「大阪維新の会」の代表であり、それ以前に一人の政治家であり、さらには弁護士という肩書もある。「何でも質問OK」となれば、政局や時事的な動きに応じて市政に関係のない話も出る。

記者からすれば当然のことで、仮に「これは市長としての会見だから政治活動に関する質問はNG」などと言われれば「二枚舌を使うな」「人格は一つだろう」という話になる（週1回の市政記者室での定例会見は「公務」と「政務」で内容を分け、二部制で行われているが、私の見た限りでは、ほぼ有名無実化している）。

橋下自身にも、そんな姑息な使い分けの意識はないだろう。あらゆるテーマを受け止め、気の利いたコメントを流暢に、時に過激な言い方で発するのはお手の物だ。例の「従軍慰安婦」発言や「風俗活用」発言は、そうした中で出たものではなかったか。

象徴的な話がある。5月13日に二つの発言をした際、橋下の背後には「大阪市消防吏員募集」「ワンクリック請求にご注意を／大阪市消費者センター」と書かれた市の広報ボードがあった。しかし発言が問題視されて以降、ボードは取り払われ、白い壁に変わった。市役所内で開かれている会見ではあっても、今話していることは大阪市長としての発言や見解ではない……市役所も、橋下自身もそう判断したということだ。

だが、いくら看板を掛け替えてみても、市長職を担う人物の発言であることに変わりはない。姉妹都市のサンフランシスコ市が視察訪問を拒み、同市議会が非難決議を行ったのは、あくまで「橋下市長」の発言を問題視してのことだった。

もう一つは、この囲み取材を続けていることによって、橋下に「十分に説明責任を果たしている」と言わしめ、結果的に彼のメディア・コントロールを容易にしてしまっている点だ。

橋下は新聞の単独取材をほとんど受けない。市長としては（つまり、市役所が窓口となる「公務」としては）就任2か月後の昨年2月に朝日新聞が行ったインタビューのみ。日本維新の会共同代表としては、今年2月に読売で、同4月には毎日で、憲法96条改正の必要性とその手続きについて語ったものぐらいしかない。ちなみに、朝日の記事には「僕は市長ですもん／国政には行かない／賞味期限切れるし」という見出しがあるのが興味深い。

その一方で、勝手知ったるテレビの情報番組やニュースショー的なものには頻繁に、しばしば生放送で出演し、旧知のタレントや司会者相手に伸び伸びと持論を展開している。

つい先日も、関西ローカルのバラエティー番組『たかじんNOマネー』（テレビ大阪）で、居並ぶ出演者たちを前に「小金稼ぎのコメンテーター」と発言し、怒った水道橋博士が番組を降板する騒ぎがあった。この番組には、かつて橋下を担当した報道出身のスタッフがいるという。

しかし、「橋下市長が単独生出演」というテレビ的な〝うま味〟の前には、報道機関に不可欠な批評性は限りなく薄まってしまう。他局にみすみす出演させるぐらいなら、番組を自己宣伝に利用されようが、少々の暴言暴論を吐こうが構わない。むしろ、そのほうが話題になっていい。そんな心理が透けて見える。

橋下は、マスメディアを横一線に並べ、自分というキラーコンテンツをめぐって競争させている。それを高みから見物し、利用している。そんなふうに見える。

「彼はね、すべてのメディアと等距離なんですよ。どの社が彼に近いとか、食い込んでるとか、よく一緒にメシを食うとか、そういったことがない。そういう意味ではフェアですよ。腐っても弁護士ですからね、メディアをコントロールしようとか、コントロールできるとかは考えてないと思う。でも彼の唱える『フェア』が、結果的に今のような状況を作ったんじゃないかな」

そう語るのは、大阪市政を継続的に取材しているフリージャーナリストの吉富有治である。同じようなことを先述の2人のテレビ記者も言っていた。

「記者と個人的に付き合うということをしない人ですね。（府知事時代に）海外出張先で同行の記者団と懇親会を開くことはあったけど、国内では一切やらなかった」

大阪の政治・行政の取材経験が豊富な、ある新聞社のデスクはこう評する。

「従来の政治家や役人みたいに、彼に媚びを売っても仕方ないんですよ。こっそり特ダネをくれるとか、そういう見返りが何もないから。でも彼のコメントや画は欲しい。だからメディアは競って追いかける。それを利用してるところはあるんじゃないですかね」

橋下はよく好んで口にする「フェア」「競争重視」「自助努力」をメディア各社に課しつつ、自分との間には決して「フェアな関係」を築かせない。あらかじめ優位に立ち、非対称な関係にある複数の相手の中での「フェア」を要求する。強者の唱えるフェアネス。囲み取材というのは、彼のそうした考えやスタンスが具現化したものと言えるのではないだろうか。

それにしても、橋下から「誤報」呼ばわりされ、囲み取材を打ち切ると言われた時に記者クラブは連帯しなかったのか。クラブの総意として抗議し、彼が謝罪するまでは取材をボイコットするというような話は出なかったのか。権力の横暴に対し、各社の利害を越え、団結して抗議する。それこそが、ほとんど唯一の記者クラブの存在意義ではないのか。

私が話を聞いた記者たちの中には「今や、惰性で続いてるだけですね」「打ち切りを宣言されてホッとした。やめるんなら、このままやめてくれ、と」という声もあった。であれば、自分の社だけでも出席しないという判断はできないのだろうか。

「いや、そういう話にはなりませんでしたね。記者クラブの中でも、社内でも」

と、ある市政担当記者は首を振った。

「そもそも、クラブ内でも他社との付き合いはあまりないんです。それは橋下が仕掛けた、競争という分断工作も効いてるかもしれません。それに、取材対象が目の前にいるのに取材しないわけにはいかない。他社が出ているとなれば、なおさらです」

意図的ではないのかもしれない。しかし、橋下の唱える「フェアな競争」原理は、マスメディアの本質的問題を突き、きわめて有効に作用している。

第4回 詭弁で切り抜け、多弁で煙に巻く「橋下式言論術」

◉弱点を突かれるマスメディア

5月29日、大阪市役所5階の市政記者室。この日の市長定例会見は橋下徹への追及から始まった。口火を切ったのは毎日新聞。橋下が朝日新聞とともに自分に対する「批判の急先鋒」と見なし、「従軍慰安婦」発言以降、朝日に対する以上に繰り返し〝口撃〟してきた相手である。「意図的に誤報した」「狂ったようにキャンペーンを張っている」「過去の言説を引用してネチネチと言っている」といった報道内容への批判から、果ては「バカ」「ボケた質問をしてくる」「頭が悪いからな」のような幼児的な罵詈雑言まで。

ちょうど同社が記者クラブの幹事社（2か月ごとに持ち回り）に当たっていたこともあり、最前列の席で、最初にマイクを握った市政キャップは、橋下が冒頭で記者発表した「経済戦略局長に民間人の採用決定」「風疹予防接種への助成実施」という市政の話題を蹴散らすように無視して、こう問うた。

「市長は昨日の退庁ぶら下がり（囲み取材）で、27日の外国人特派員協会の会見の際、日本人記者席にいたうちの記者が社会人としてあり得ない言葉を発した、とおっしゃった。しかし社内で調査をしたところ、そのような発言をした者はおらず、出席した2人の記者は質問や発言の機会もなかった。事実関係が違うとこちらは考えている。発言を訂正していただきたい」

私も参加していた前日の囲み取材で、確かに橋下はそういう話を持ち出していた。朝日の記者とやり取りしている中で、ふと言うべきタイミングを見つけたように、唐突に。

「僕はびっくりしたんですがね、記者の人っていうのは公人に対してなんか変なスイッチが入るんですかね。初対面の、会ったこともない相手に『おまえ、ちゃんと答えてないだろう!』『そんな話は何べんも聞いた!』とか、ふつう社会人が言いますかね。毎日新聞の記者というのは非常に横暴だなと思いました」

毎日は、橋下が「誤報」と称する報道に始まり、「(連日釈明に追われる)橋下は疲れた様子で、大阪都構想の法定協議会で居眠りをしていた」「府市大都市局の職員が、日本維新の会候補者の政治資金パーティーを案内する庁内一斉メールを送っていた」などと批判的な記事をいくつか書いていた。それを腹に据えかねていたのだろう、ツイッターで罵倒するだけに飽き足らず、直接いら立ちをぶつけたのだ。いかにも小馬鹿にしたような、見下すような表情と口ぶりだった。

毎日の記者はそれに抗議し、「市長が直接聞いたのか」「録音を確認したが、ヤジも含めてそんな発言はなかった」「毎日の記者だという根拠は何か」と問い詰めたわけだが、橋下は「会場にいた人から聞いた。こちらは事実と認識している」と言うのみ。記者が「では、その人に取材をさせてほしい」と言うと、橋下は「教えません。あなたたちも情報源は言わないでしょう」と切り返し、さらにこんな話を持ち出して反撃した。

「それを言うなら、毎日新聞は、僕が慰安婦の方に会って法的責任を表明するという記事を書いたじゃないですか。あれも事実誤認ですよ。紙面の見出しは『表明検討』でしたけど、ネットでは『表明へ』になってた。だいたい僕の内心をどうやって知ったんですか。囲みで直接確認すればいいのに、それもなかったじゃないですか」

橋下が24日に予定していた元従軍慰安婦との面会のタイミングに合わせ、毎日の東京本社の記者が書いた〝前打ち〟記事のことである。面会が流れたため、結果的に「誤報」となったのだが、新聞の見出し上、この「表明へ」は、周辺取材などから確度が高いと判断した観測記事によくある表現であり、単なる事実誤認の「誤報」とは言い難い（私自身、新聞社の整理部時代、この種の見出しを無数に付けた）。

しかも、見出しというのは少ない文字数で記事の大意を伝えるものであり、細かなニュアンスが省かれることはままある。ネット掲載時に文字数制限などの条件が変わり、表現が変更されることも多い。橋下が最初に「誤報」と言い出した朝日のケースも、それが一因になっている。

しかし、橋下に言わせれば「それは新聞社だけの論理。読者や報じられる側のことを考えないメディアの横暴でしょう」ということになる。これには一理あると言わざるを得ない。橋下に限らず、取材先から「記事は正確だけど、この見出しはなんだ」と抗議を受けたり、取材・執筆した記者自身が「整理部とデスクがこんな見出しを付けてしまって……」と言い訳をしたりすることは昔からずっとある話なのだ。だからと言って「誤報」ではないのだが、新聞（に限らず、ほとんどすべてのマスメディア）が抱える「構造的欠陥」と言えなくもない。

新聞がマスメディアの圧倒的な権威であった時代には常識として許容されていた、報じる側のルールが疑われ始めている。「新聞の表現はこうだから」と突っぱねることが難しくなってきている。そして、ネットユーザーを中心にマスメディアへの不信や反感が年々大きくなっている。

橋下の言い分が一定の説得力を持つ背景には、そういう時代とメディア状況がある。

つまり、橋下は自分を取り巻くマスメディアのノウハウをよく理解し、その地位が相対的に低下している状況を敏感に察知した上で、弱点を突いているということだ。

◉議論に勝ったように見せる「空論のテクニック」

そしてもう一つ、橋下を取材する時のより本質的な問題として、彼の圧倒的な弁舌・論争術、はっきり言えば詭弁術がある。私は以前、橋下の府知事時代の発言を検証する記事を書いたことがあるが、彼の本質は発言の内容や主張そのものよりも、その論法や言葉遣い、それを駆使して相手を言い負かし、周囲をなんとなく納得させる「空論のテクニック」にあると考えている。同じことは複数の識者が指摘している。

たとえば、大阪の編集者である江弘毅は、橋下の著書『まっとう勝負!』に収録された爆笑問題との対談からこんなくだりを引き、彼のテレビ的言論術と「その場の空気をつくること」だけに集中する共演者たちとの〝共犯関係〟を指摘する。

〈太田　テレビの場合は、何をいっているかなんて、本当は誰も聞いちゃいないんです。だけど、真剣に何かを話してるってイメージだけはちゃんと伝わる。

橋下　そうなんですよ。内容は別で、真剣に話してたことはわかったから、「ま、いいか」って雰囲気です。(後略)

「テレビの世界」それもバラエティ番組の虚構の本質を自らが見事に言明しているようだ。けれども橋下氏がめざすところの政治や行政というのはお笑いでは済まないし、「テレビの世界」によって日本第二の大都市である「大阪の町」が籠絡されるほどの不幸はない〉（『新潮45』2011年12月号「『テレビとの共犯関係』でつくられた虚像」）

また、大阪の生まれ育ちで、ABC（朝日放送）のニュース番組に出演している北海道大学大学院准教授の中島岳志は、番組内で橋下と対峙した経験をもとに、こう分析している。

〈……橋下さんはまず最初に「だから現場を知らない学者はだめなんですよ」と言うんですね。「だったら対案を出してみてくださいよ」と。「えっ？」と思いながらも、僕がそれなりの対案を話すと、また笑いながら「だから学者はだめなんです。政治と行政の区別がついてないんですよ」と言う。「政治家というのは方向性を決める。具体的な案は行政がやることであって、そんな区別もできないコメンテーターはバカだ」というわけです。

これはロジックじゃなくて、単なるレトリックなんですね。「具体案を出さないからバカだ」と言い、具体案を出せば、「政治の役割をわかっていない」と言う。議論の場の中に、ある構造を作り上げて、自分がいかにも勝ったかのように見せるプロなんですよ、彼は〉（『脱グローバル論　日本の未来のつくりかた』）

定例会見での毎日の記者とのやり取りも橋下式詭弁術の典型である。発言の根拠のなさを突っ込まれると「人から聞いた。（そちらがどう思おうと）こちらは事実と認識している」と開き直り、取材で検証させろと言われれば、権力者である自分と、それをチェックするマスメディアがまるで同じ立場であるかのように「情報源の秘匿」ともっともらしい概念を持ち出し、さらには――これこそ彼の常套手段なのだが――「それを言うなら」と別の話にすり替える。中島の言う

「勝ったかのように見せる」だけの空論そのものだ。

しかし、この日の追及はこれにとどまらなかった。毎日は続けて、自社が報じた「維新の集会メール問題」について橋下の責任を問うた。これに対し、橋下は「誤解を生む行為だった」と認めたものの、「日程を知らせただけで政治目的はない」と言い張り、さらにはお得意の「それを言うなら」論法で、「以前の大阪市役所はどうだったんですか。区長会議で堂々と選挙情勢を報告することが常態化してたじゃないですか。それに比べれば、こんなのたいした問題じゃない」と切り返した。

さらに続いたのは、ＡＢＣのベテラン記者だった。市議会が「市政を疎かにし、停滞を招いている」という内容の問責決議案を検討していることを踏まえ、

「この２週間、市長は従軍慰安婦発言にかかりきりで、その間に重要議案（府下の水道事業統合や地下鉄民営化など）が次々と否決されている。今後どう対処するつもりか」

「政治的主張は、個人的な発言ではなく、党で見解を取りまとめて国政の場でやるべきでは」

と問うた。至極真っ当な指摘である。

しかし、これに対する橋下の答えは「詭弁家の面目躍如」と言いたくなるほど、ある意味見事なものだった。

「市政もしっかりやらなければならないが、一方で、国政政党の代表という立場があるから国に対してメッセージが届き、法律改正が進み、市政も進展するということもご理解いただきたい。単なる市長という立場では、制度の壁を破ることができない」

そして最後に、幾度となく繰り返してきた決め文句を放った。

「最後は有権者の審判を受ければいい」

自分は選挙という民主的手続きに則り、多数の「民意」の支持を得ている。文句があるなら、選挙で落としてくれればいい——。「選挙原理主義」とも言うべきこのロジックは、橋下の最大にして最後の切り札である。だが、実はここにも穴はある。

「選挙」とは、どの選挙を指しているのか。7月の参院選だとすれば、彼自身は候補者ではない。維新の候補者が〝とばっちり〟を受けるだけだ。それとも、次の市長選（2015年）を言っているのか。しかし、橋下が二期目の市長選に出る保証など、どこにもないではないか。このことは、先のABC記者も別の日の囲み取材で指摘していた。

実際に橋下取材の現場に通ってみてわかったのだが、ごく少数ではあるが、橋下を追及しようという記者がまったくいないわけではない。ごくまれにだが、論理的・政治倫理的に筋目の通った厳しい質問が飛ぶこともある。しかし、それを橋下は口先で難なくかわし、うんざりするほど過剰な多弁で煙に巻く。

論点を瞬時にずらし、話をすり替え、逆質問に転じ、責任をほかへ転嫁して、ともかく「自分は悪くない」「議論に負けていない」ことだけを示す。その反射神経とテクニックは恐るべきものがある。ここぞという時には、大勢の報道陣やカメラの前で特定の記者を口汚く罵り、吊るし上げる。そうやって「この場を支配しているのは自分だ」と見せつける。恫喝である。

そして、そういう舞台裏のやり取りは、ほとんど報じられない。「橋下氏がこう言った」ということだけがニュースになる中で「批判や異論を恐れず、権威や既得権益に切り込む風雲児」

みたいなイメージができ上がってゆく。ネット中継され、アーカイブは残っていても、そんなものをきちんと見るのは、あらかじめ〝マスゴミ〟に敵意を抱く橋下支持者か、それこそ今の私のように、発言を検証する必要に駆られた記者ぐらいしかいない。

この日、冒頭から続いた追及を切り抜けると、橋下は「従軍慰安婦」発言について「認めるべきは認めながら、言うべきことは言っていくべきだ」とあらためて持論を繰り返し、続けて「中国の脅威にさらされている沖縄」を案じて見せ、さらには「弁護士の品位を傷つけた」と反発する弁護士会に対して「彼らの言う品位ってなんですか。僕に言わせれば、品位を欠く弁護士なんていくらでもいる」と敵意むき出しで難じた。

もはや何の会見かわからない。「公務」と「政務」の二部制という定例会見の建前はなし崩しになり、完全に橋下の独演会と化した。時間にして1時間50分。

序盤30分でほとほとうんざりした私は、メモを取るペンを早々に止めた。延々と、途切れることなく繰り出される橋下の言葉の背景に、カチャカチャカチャカチャ……という小さな、無数の虫の羽音のようなノイズが鳴り続け、神経をいら立たせた。50人ばかり並んだ記者たちの半分以上がノートパソコンを広げ、感情のない機械のように画面を見つめながら、猛スピードでただただキーボードをたたいていた。

彼らはこの膨大で空虚な言葉の羅列を、どう報じるつもりなのだろうか。

◉〝呪い〟の言葉に縛られるメディアと記者たち

この日の定例会見終了後、私は何人かの記者に話を聞こうと声を掛けてみた。だが、ほとんどからは「会社の方針として取材には応じられません」と断られ、なんとか取材主旨を説明しても、「追及が甘いと書いてくれたらいいですよ」と投げやりに言われたりした。

しかし、なんとか一人だけ応じてくれた。私は喫茶店で記者と向き合い、これまで抱いてきた橋下報道への疑問、実際に取材現場を目の当たりにした感想をぶつけ、なぜあれほど言いたい放題を許しているのかを尋ねた。

記者の説明はこうだった。

「今日の会見を見てもわかると思いますけど、彼はすべてにおいて『ああ言えばこう言う』で、屁理屈を付けて逃げ、決して反省するということがない。とにかく、口で負けない・間違いを認めないということだけが大事だから、その場その場の思いつきで詭弁でもすり替えでも何でもやる。口は異常に達者ですけども、ほんとうの意味で対話が成り立つということがないんです。そういうことを繰り返すうちに、真面目に相手をしても無駄だと記者はみんな思うんじゃないですかね。私もそう思います。あの場で議論しても不毛なものにしかならない。

それに、彼が調子に乗ってしゃべればしゃべるほど人間性や発言の矛盾が露わになるということもあるでしょう。大飯原発の再稼働問題では反対から容認へ主張が180度変わりましたし、維新の会の国政政党化の時のように、石原慎太郎（の太陽の党）との合流を優先して、それまで強気で打ち出していた公約を後退させることもあった。

しゃべるだけしゃべらせて、記事で矛盾を突いていくという手法のほうが効果的に批判できるという面もある」

なるほど、私も何度か囲み取材や会見に出てみて、橋下の特異なキャラクターや過剰な多弁にうんざりする気持ちはわかる。また、「会見は議論や自己主張の場ではない。記者の仕事は取材対象から発言を引き出し、報じることだ」というのも一般論としてはわかる。別の記者からも同じ言い分を聞いたことがある。しかし、それはやはり、言い訳に過ぎないのではないか。

囲み取材や定例会見で、テレビの中で、あるいはツイッター上で、彼があれほど悪意と詭弁に満ちた主張を、それこそ「社会人にはあり得ない」激烈かつ下品な言葉で、今もまき散らし続けているのは、結局のところ、マスメディアが「効果的な批判」をなし得なかったからではないのか。何より、「誤報」発言はマスメディア自身に向けられている。「議論してもしょうがない」と構えている場合ではないだろう。なぜ、せめてそこだけでも厳しく問わないのか――。

私はやや感情的になっていたかもしれない。せっかく取材に応じてくれた記者に対して、一方的にマスメディア批判をぶつけてしまった。しかし、記者は私の言葉を遮ることもなく、静かに聞いていた。そして、しばらく考え込んでから口を開いた。

「橋下とメディアは共犯関係にあると言われたりします。結果的にそうなってしまっているというのは、正直なところ私も感じます。『誤報』発言を聞き流してしまった理由はいくつかあります。

一つは、慣れ。彼のあの極端な物言い、バカとかクソとかいった罵詈雑言、それに、一つ問えば十の言葉で返ってくるような言葉の多さに『いつものこと』『いちいち論評してもしょうがない』

と麻痺してしまっているところはある。だから『誤報』も苦し紛れの言い逃れ、むしろ、彼が追い詰められていることを示す言葉だと受け取った。

二つ目は、作業がオートメーション化していること。会見や囲みに出る記者をローテーションで回し、発言を記録すると、メモにして担当デスクまで含めてみんなで共有する。そこからニュースになる部分を取り出すわけですが、その作業が機械化していて、記者個々人が問題意識を持ったり、話し合ったりすることが難しい。次から次へと新しい発言や動きがあるので、それを追いかけるのに忙殺されているところがある。

それから三つ目は、彼に攻撃されたくないという心理があるかもしれない。かつて彼は、MBSの女性記者を囲み取材の場で吊るし上げたり、朝日新聞の女性記者をツイッターでやり込めたりしました。で、その結果、会社は彼女たち記者を守らなかったと聞きます。異動や担当替えです。

大勢の報道陣の前で罵倒されるだけでも『ああはなりたくない』と思うのに、その動画がネットに残り、個人名が拡散され、誹謗中傷を受ける。個人で責任を負わされる。積極的に逃げている意識はありませんが、できればそういう目に遭うのは避けたい気持ちが働く。それは否定できません」

「情けない、それでも記者か」「やっぱりマスゴミは……」と思うだろうか。私はこの記者の率直さに感謝した。同情的な気持ちにもなった。橋下の〝呪い〟の言葉は確実にメディアを縛っている。現場の記者たちを消耗させ、感覚を麻痺させている。私が同じ立場であれば、やはりそうなっていたかもしれない。
では、どうすればいいのだろう――。

第5回「メディアの申し子」に足下を見られるな

◉真面目で優秀で職務に忠実な記者たち

「平松（邦夫・前大阪市長）さんの頃に比べて、橋下（徹・市長）さんへの追及が弱いのは確かだろうけど、じゃあ以前は現場の記者たちが大阪市政や市長に対して、ジャーナリスティックな鋭い批評や論考を書いてたかというと、それは平松さんの頃もなかったですよ。

現場の記者はやっぱり取材対象を追いかけ、新しい動きや情報をとらえて記事にしていくのが仕事。いくら不要だと思っても、会見があれば出ざるを得ないし、上から『これを聞け』と言われれば質問するでしょう。

どんな視点で取材し、どういう切り口でニュースにするかという編集方針とか、論説・批評みたいなことはデスクなり論説委員の仕事。だから、橋下さんに関する取材・報道が過剰だとか、そのわりに批評や検証が不十分だとあなたが思うなら、それは現場の記者よりもやっぱり本社にいるデスクや編集幹部の問題だと思いますけどね」

大阪市政を継続的に取材し、『橋下徹　改革者か壊し屋か』の著書もあるフリージャーナリスト、吉富有治の見立てである。私が「囲み取材や定例会見が〝放談会〟と化している」「発言を垂れ流すストレートニュースばかりで、検証や分析・批評の視点が弱いのでは」と意見を求めたことに対する答えだった。

私は常々、新聞は、今起きている事象や現象を「報じる」ことには長けていても、その背景なり、社会的意義なり、歴史的文脈なりを検証・考察し、「論じる」「批評する」「意見を述べる」といった機能が弱いと感じてきた。

ストレートニュース至上主義。速報性重視。スクープやスキャンダル偏重。考えたり論じたりする記事は「理屈をこね回している」に過ぎず、「学者や評論家の仕事」と遠ざけられているような雰囲気があると感じていた。新聞社を辞めた理由の一つは、そこにある。

事件事故や災害、政局や不祥事といった目の前の出来事をとりあえず追いかける。報道合戦に熱くなる。理屈を言うより現場を歩く……そういう社会部記者精神みたいなものがジャーナリズムに不可欠なのは言うまでもない。だが、速さや瞬発力や機動性にばかり偏っていると「今」しか見えなくなる。

次から次へ、目新しい変化や動きばかり追っていると考えは深まらず、立ち止まって検証することをしなくなる。そして、とりあえず誰からも反発の出ない「不偏不党」にして「公正中立」、無難な意見や論評しかできなくなる。

テレビコメンテーターから国政のキーマンへ、あっという間に上り詰めた橋下徹という新進政治家（大阪府知事就任から、まだたった5年半だ）の躍進は、内容はともあれ、「変化」や「改革」や「現状打破」をとりあえず良きものとするマスメディアの本能的な願望に支えられてきたような気がする。そして、あのうんざりするほど膨大な発言録を厳しくチェックしないまま放置してきたことが、彼の言いたい放題に拍車をかけたように思うのだ。

私はいま、天に唾するのを承知で書いている。

大阪市役所5階でメディアスクラムを繰り広げている市政担当記者たちは、おそらく相当に優秀な、各紙大阪本社のエース記者たちである。でなければ、これほど注目度が高く、ニュース価値のある、また、何を発言し、やらかすかわからない人物の担当に配置されるはずがない。

にもかかわらず、なぜ彼らは、あまりにも世の中の視点から乖離した、ある種異様な空騒ぎに身を投じているのだろう。毎朝夕、彼を囲み、好き勝手な言い分に耳を傾け続けるのだろう。

それはたぶん、彼らが真面目で優秀で、職務にあまりにも忠実だからだ。そして、記者という仕事や報道の使命に大きな誇りを感じているからに違いない。

皮肉でも何でもない。いい加減で怠け者で中途半端な「できない記者」だった私には、とても務まる仕事ではない。でも、だからこそ私は、「何をそんなに大騒ぎしてるのだ」「橋下の言い訳なんか放っとけばいいのに」と、「従軍慰安婦」発言以降の報道を冷めた気分で眺めていた。

ところが、彼はあろうことか、あれは「誤報」だと主張し始めた。そして、囲み取材の打ち切りを宣言した。誇り高い記者たちは当然、怒るだろう。抗議して会見をボイコットすればいい。メディアが集まらなければ、困るのは橋下本人なのだ。

私は期待した。しかし結果は違った。そこからの経緯は、これまでの連載に書いた通りだ。

◉橋下を持ち上げ、育てたメディアと世論の〝共犯関係〟

私は吉富の意見をもっともだと思い、ある新聞社のデスクになんとか約束を取り付けて話を聞きに行った。記者として大阪市役所を長く担当し、3人の市長を取材してきたというこのデスクに、私はまず橋下という人物をどう評しているのか聞いてみた。

「府知事選に出た当時の彼は、自民・公明が推したとはいえ、テレビで名を売ったきわもののタレント候補という見られ方だったと思いますよ。

でも知事になると、収入の範囲で予算を組むとか、著しく高齢世代に偏重していた財政支出を子育て世代に振り向けるとか、あるいは、お役所体質を厳しく引き締めるとか、府民にとってはきわめて真っ当な方針を打ち出した。で、それがすべて言葉通りに実現したわけではないけれど、有権者の期待にある程度は応えたわけです。

特にお役所体質の改善に関しては、彼みたいなのが出てこなければ、府庁も市役所も、のんべんだらりと旧態依然として続いていたと思いますよ。私が担当していた市役所なんかも、ほんとうにひどい役人天国で、『中之島選対』と呼ばれるほど公務員が一丸で市役所出身市長を推していたんですから。

少々手法が強引で、物言いが乱暴であっても、彼が絶大な支持を保っていたのは、そういう既得権益への不満が長年にわたって堆積していたからです。

同時に、国との関係においても彼は地方自治体の自立と自己決定にこだわった。『ぼったくりバー』発言なんてのがありましたけど、それに象徴されるように、硬直化した政治や行政の現状に強い言葉で風穴を開けていく『地方からの反乱』という構図で強く支持されたと思うんです」

なるほど、その通りだろう。先に紹介した在阪テレビ局記者が「役所を変える高揚感と、橋下への同志的な連帯感」を抱いていたというのは、そういう中でのことだった。

また、その当時、私はかつて勤めていた神戸新聞の元上司にたまたま出会い、交わした会話を鮮明に覚えている。橋下関連の取材をしていると言うと、彼は「橋下さんはすごい。あんなに国に対してはっきり物が言える政治家はこれまでいなかった」と心から感嘆するように言ったのだった。地方メディアに勤務する人間にとって、「中央＝東京に物申す」橋下は、自らの思いを託す存在であったのかもしれない。

また、デスクが例に挙げた「ぼったくりバー」発言や、その前年の「クソ教育委員会」発言は世論に強く訴えて事態を動かした。この成功体験が、荒っぽくもわかりやすい表現でメッセージを発し、敵対的な物言いと強硬姿勢で持論を押し通していく橋下の手法に拍車をかけたとみられている。

デスクの話はさらに続く。

「何を言い出すか、どんなニュースが飛び出すかわからないという期待と警戒心を持って、報道陣は囲み取材に集まり続けたと思うんです。公人が取材に応じること自体は基本的にいいことだし、あらゆる機会をとらえて発言や考えを引き出すのは私たちの使命でもある。当然、他社との競争もあります。自社だけ行かなければ〝特オチ〟（1社だけニュースを報じないこと）になってしまう。

そうやってメディアが常に取り巻く環境の中で、彼は一首長あるいは地方政治家という立場でありながら、国政やあらゆることについてコメントする評論家・コメンテーターのような存在になっていったわけです。まあ、利用されたと言われれば、そういう側面はあるかもしれません。一方で、橋下氏の発言力が高まり、人気を集めるほど、政治報道の範疇を越えて社会現象のように扱われ、報道内容も政策を離れて属人的になっていきました。週刊誌や月刊誌が彼の出自を調べたり、政治家になる前の不倫問題を暴いたりしたでしょう。ああいうことは新聞としては扱いに悩むんですが、そういうことまで含めて知りたいと欲する読者や世論もある。橋下氏報道に関しては結果責任を感じていますが、そこには〝世論との共犯関係〟もあったような気がします」

その共犯関係を断ち切って、各社が橋下に関する過剰報道を見直した時期があった。維新の会が国政政党化した昨年秋のことだ。たとえば朝日新聞は、それまで「橋下番」と称してツイッターで逐次発言を流していたアカウントを休止し、橋下の政策や主張を〝検証〟していた週に一度の特集紙面も取りやめた。ツイッターに残っている休止理由はこうだ。

〈……国政政党の党首となれば、他の国政政党の党首と同じ立ち位置で発信、発言することになります。本アカウントは橋下氏の名前を冠し、その発言・動静を中心に伝えてきましたが、橋下番のアカウント名でのツイートは、総選挙が近づく中で政治・選挙報道の中立性に鑑みて中止すべきと判断しました〉

このデスクの新聞社でも、橋下のコロコロ変わっていく発言や主張を――その場合でも、巧みに自己正当化したり、「潔い決断」に見せかけたりするところは、さすが詭弁家なのだが――過去の記録から丁寧に拾い、検証する記事に力を入れた。扱いも1面や社会面ではなく、2～4

面あたりの、いわゆる内政面という地味な面に抑えた。

相変わらず囲み取材には記者を出していたが、いちいち発言を取り上げず、どうしても報じる必要が生じても、最小限の扱いにしたという。朝日のツイッターにあるように、やはり国政政党となれば、他党との兼ね合いも出てくるからだ。

「それとやっぱり、橋下氏のような人と対峙するには、その場その場の発言をそのまま報じたり、会見でやり合ったりするのではなく、〝時間〟が必要だと思ったんですね。発言は発言として、いったん聞き、記録しておく。それを何かの局面で引っ張り出し、時系列に並べて検証する。そういう手法が有効だということに、あらためて気付いたんです」

橋下の支持者というのは、何も熱狂的な層ばかりではない。彼が自覚的に言うように「ふわっとした民意」、つまり消極的で流動的な支持層も多い。その人びとが冷静に判断するための材料を提供するには、報道する側も一歩退き、時間を置いて、考えたり検証したりすることが必要になる。「今」「この場」にしか生きていない橋下のペースに乗っていては、いつまでも彼の術中から逃れられない。

どの新聞社も橋下報道を見直し、軌道修正を図りつつあった。

そんな中で飛び出したのが「従軍慰安婦」発言だったのである。これを問題視した朝日・毎日を中心に、紙面では橋下をめぐる続報と、その都度の発言が大きなスペースを取り、彼を囲むメディアスクラムは再び熱を帯びた。

元従軍慰安婦の女性との面会予定と直前の中止。外国人特派員協会での釈明会見。サンフランシスコ市の抗議と視察の中止。市議会の問責決議案提出と出直し市長選挙の示唆、そして否決。八尾空港へのオスプレイ訓練受け入れ検討というめくらましのようなニュースもあった。

◉怠慢の言い訳としての「不偏不党」と「公正中立」

このデスクの話の中で、ことのほか印象に残った言葉がある。なぜ橋下に言いたい放題を許すのか、「誤報」発言になぜ即座に反論しなかったのか、を問うた時の答えだ。

「彼の報道批判はいつものことだから、いちいち反応してられないというのが一つ。むしろ、『あぁ、追い詰められて焦ってるなあ』ととらえたので、すぐには反論の必要を感じなかったのが一つ。それに、橋下はウソつきだ、詭弁家だというようなトーンで批判することは、彼を選んだ有権者をバカにすることにもなるでしょう。そこはやり方が難しい。新聞だけが正義を振りかざしても市民はついてこない。勇み足になるばかりで、逆に世論から浮いてしまうということもあるんじゃないでしょうか」

違う、と私は思った。そういうことではない。それは報道の一般論に過ぎない。今、大阪市役所5階で橋下と記者たちの間に何が起きているのか。両者がどういう関係にあるのか。行政・政治取材に精通したこのデスクにして、現状に対する危機感が薄すぎると感じた。

これまで見てきた通り、橋下は会見という場を支配し、記者たちに取材や報道の仕方を指図し、言うことを聞かなければ恫喝し、メディアをコントロールしようとしている。現場の記者たちはそれに振り回され、ごく少数の者が闘いを挑んでも難なくかわされ、毎朝毎夕、彼の詭弁と多弁を浴びて、うんざりしている。疲れきっている。

私は何も、一人このデスクに言っているわけではない。マスメディア全体の問題として語っている。マスメディアの内部にいる人間、とりわけデスクや編集幹部クラスの人たちは、橋下という存在を育て上げたのが、ほかならぬ自分たちだという認識がなさすぎるのではないだろうか。

彼に群がり、彼が次々と発する「ニュース」に追われ、発言を垂れ流してきたことへの自省がもっとあってもいいのではないか。「不偏不党」や「公正中立」というお題目を盾に、彼の手法や発言を批判的に検討したり、批判の論点を模索することを怠ってきたのではないか。

ニュースとはこういうものだ。政局や選挙の報道とはこうで、行政や政治家の批判はこうやっておけば、だいたい間違いない。根性主義や取材相手への〝食い込み〟でネタを取ってくる競争意識はあっても、伝え方や切り口については、考えず、悩まず、意見や主張を自ら語らない。その代わり、識者という名の文化人やタレントに語らせる。両論併記でとりあえずその場をしのいでおく――。そういう報道の定型をメディアの申し子である橋下に見透かされ、批判され、利用されてきたのではないか。

◉田中、石原、橋下と続く「首長」報道の系譜

私はもう1人、メディア事情に詳しい旧知の編集者に話を聞きに行った。廃刊したスキャンダル雑誌『噂の真相』の元副編集長、川端幹人である。

著書『タブーの正体!』で彼は、暴力・権力・経済という3つの恐怖によってマスメディアの

中にタブーが増殖していく状況を詳細に分析・解説している。ふだんは東京におり、「大阪市役所の事情はよく知らないからなあ」という彼に、私はこれまでの取材で見聞きした状況を説明し、意見を求めた。

「うーん、メディア・コントロールの手法で言えば、小泉純一郎（元首相）というよりも、田中康夫（元長野県知事）の時みたいだよね。

彼はイデオロギー的には橋下とは真逆だけど、メディアへの対処法は同じだと思う。既存のマスメディアを既得権益と見なし、オープンな場を作って、その前で特定のメディアや記者の報道を批判したり、敵対関係を作ったりする、という。石原慎太郎もそうだけど、田中康夫以来、『怒鳴り返せば記者は黙る』ということがわかっちゃったんだよね。

昔だったら取材相手にやり込められたりしても、それがある種の武勇伝になったりしたけど、今の記者はおしなべて空気を読むというか、孤立したくない意識が強いでしょ。それは気質の変化もあるだろうけど、ネット社会になったことも大きいと思う。

ネットには『マスゴミ嫌い』がいっぱい棲んでて、記者会見で食い下がったり、ケンカしたりする記者がいると、『なんだあいつは。特権意識を振りかざしてけしからん』みたいなことを書き込む連中がいるじゃないですか。

そんなの気にしてどうするんだと思うんだけど、〝社会の公器〟を自負するエリート意識の強い記者とか会社ほど、批判されたくないから黙っちゃうんだろうね。で、『私たちは是々非々でやります』『批判は本質的にやります』なんて言ってるんだけど、橋下みたいな強力な人物が出てくると、結局取り込まれちゃうんだよね。

今の話聞いてると、朝日新聞がまさにそれだよね。まあ、朝日は週刊朝日の問題があったから、余計に何も言えないんだろうけど」

川端によれば、小泉の場合は財務省や検察と一体になって盤石のメディア対策を講じていたが、田中や石原は地方自治体の長であり、結局は個人のキャラクターだけでメディアと対峙していたという。確かに橋下も、その強力なキャラクターと発言によってメディアを惹きつけ、コントロールしている点では共通している。

「だから、いつもマスコミ向けにおいしいエサをまいて常に自分の周りに群がらせておく。そうすることによってしか通用しない、逆に言えば、地方の首長だからできる手法だと思う。まあ、橋下は国政政党の代表でもあるけど、政党の趨勢によっては注目度はぐんと下がるよね。だから簡単なことで、そんな囲み取材なんか行かなきゃいいってだけの話じゃないのかな。

それと、今回の件でそもそもの疑問なんだけど、最初の『従軍慰安婦』発言だけじゃ、こんな騒ぎにならなかったよね、たぶん。そんなこと言ってる政治家なんて、他にもいっぱいいるからね。そうじゃなくて（同じ日の夕方に出た）『風俗活用』発言でアメリカを怒らせたから、つまりは外圧があったから、こんなに騒ぎが大きくなったわけでしょ。それって、今のメディア状況をすごくよく表してるような気がする」

何か一つの引き金があれば、各社一斉に群がり騒ぐ。今回はアメリカという「外圧」がそれだったのではないか。川端の指摘に、私は深く頷いた。

「いずれにしても」と川端は言った。

「記者も会社も、批判を恐れて空気を読んだり、他社の動きをそんなに気にしたりする必要はないんだよ。気にしすぎるから、横並びの取材になるし、無難な記事しか載らなくなるんでしょ。もっと独自の意見や視点や立ち位置を打ち出したらいい。もちろん事実関係を報じる記事は正確を期して主観を入れずに書かなきゃいけないけど、極端な話、そんなのは通信社がやればいいんだから。速報みたいなことはさ。

新聞なんて、と言ったら悪いけど、もう昔みたいに読まれてないんだから、もっと自由に問題意識を持って、自由に論じるべきだと思うんだけどね。変なエリート意識なんか捨ててさ、異端でいればいいんだよ。

そういう意味じゃ、東京新聞なんかすごい頑張ってるよ。意見の分かれる問題でも、はっきりとしたスタンスと視点があるし、だからこそ思いきった批判もできる。今の東京のメディアで面白いのって、東京新聞だけだよ」

「タブーなき言論」を謳うスキャンダル雑誌を切り盛りしていた川端の言う「自由な報道」と、私の考えているそれとは、おそらく中身や方向性は異なる。しかし、特オチを恐れる横並びの競争意識や、空気を読み、怒鳴られるのを恐れ、「報道とはこういうもの」という固定観念に縛られた結果、取材対象である権力者にいいようにあしらわれ、「誤報」などと言われ、挙句の果てに取材の仕方や報じ方まで講釈を垂れられるようでは、とてもではないが〝権力の監視〟など覚束ない。

「今のマスメディアは偏っている。もっと中立公正であるべきだ」という人がいる。逆だと思う。新聞もテレビもみんなが一斉に同じ取材対象に、同じ角度から、同じ論点で、同じ調子で、取材と報道の集中砲火を浴びせるから偏っているように見えるだけで、一つの事象や人物に対する見方や取材手法、ニュース判断や報道のトーンは、きわめて画一的になっていると感じる。

だから、新聞もテレビもつまらないと言われるし、たった一人の首長に十把一絡げにされ、言いたい放題を許してしまう。マスメディアはもっと語っていい。論じるべきだと思う。そして、さまざまな視点や切り口で問題提起するべきだ。

目の前で起こっていることを報じるだけでは、より速いメディアが出てきた時、すぐにポジションを奪われてしまう。というより、ネットの定着で既にそうなりつつある。

私は、マスメディア嫌いでも、記者クラブ廃止論者でもないと先に書いた。それは、彼らの優秀さを知っているからだ。その優秀さと真面目さが裏目に出たのが、大阪市役所の一連の騒動だったと思う。だから、敢えて天に唾するようなメディア批評的な記事を書いてきた。新聞社をドロップアウトした「できない記者」の分際で。

（『現代ビジネス』２０１３年６月27日〜７月３日）

「誤報」をめぐる虚しいやり取り

以上が「橋下徹とメディア」の全文である。前章で触れた朝日新聞の報道に対するのと同じように、連載には賛否両極端な反応が寄せられた。「橋下を育てたメディアの問題がよくわかる」という声もあれば、「踏み込み不足。問題の根源は記者クラブ制度だ」という声もあった。「自分だけ取材の輪から離れ、高みに立ったような気でいる」「そこまで言うなら、なぜこの筆者は自分で橋下に質問しないのか」という批判もあった。当然だと思う。

実は、私も何度か囲み取材で橋下の見解を問うている。結局は、彼の「言い逃れ」（と私には思える）をとらえることができず、不毛なやり取りに終始したため、連載中には敢えて入れなかったのだが、自分の記者としての力不足、橋下の弁舌の巧みさを示すため、いくつかの質疑の要旨をここに記しておきたい。

5月24日、退庁時囲み取材より。

――「従軍慰安婦」発言を撤回する意思はないとのことだが、もっぱらメディアの伝え方が問題だった、「大誤報」ゆえにこういう事態になったという考えに変わりはないか。

「僕はそう思ってます。（慰安婦制度が）必要と言った、その『必要』の主語を（メディアが）きちんと伝えて、僕自身が必要と思っているわけではないことが伝われば、慰安婦の方もそうは傷つかなかったと思いますね」

――メディアが「大誤報」をしたということであれば、報道の修正・撤回なり、訂正を求めていけばよいのでは。

「日本には報道の自由がありますからね。民主主義国家においては、編集や伝え方にも報道の自由がある。ですから誤報であれば、僕がこうしてあらためて説明していけばいい。政治とメディアの関係はそういうものだと僕は思ってます」

――あらためて確認するが、13日の発言内容については撤回もしないし、ご自身の考えにも間違いはなかったという認識か。

「そしたら、どこが間違いか教えていただきたい。世界各国の兵士が女性を利用していたのは厳然たる事実。その歴史的事実を僕は述べたまでですから」

――「必要だったのは誰にでもわかる」という言葉は、当時の状況をそう認識しているという以上に、自分も（必要性を）理解できるというふうに受け取られる。だから、こういう事態になっているのでは。

「そこは言葉の問題。一番重要なのは、僕自身が必要としてた（と思う）のか、容認してたのかということだが、これはもう絶対に違いますんでね」

5月28日、退庁時囲み取材より。

――昨日の外国特派員協会の会見で、誤報が原因という認識をあらためて示されたが、必ずしも誤報ではなかったという見方が、私も含めて強い。市長自身も（初報の）14日朝の段階では、朝日・毎日の報道について「正確」「フェア」だとの見方を示している。その1日後のツイッターから「朝日はフェアじゃない」となったわけだが、これは世の中の反応の風向きを見てメディアに責任転嫁をしたと言われても仕方がないと思うが。

「最初の報道は一問一答をしっかり出してくれていたのでフェアだと言ったんです。全体の文脈がわかりますから。ところが次の日から、朝日も毎日も、『当時、世界各国の軍が』というところを飛ばして、まるで『現在も、僕自身が』慰安婦制度を必要と考えているかのように、キャンペーンを張りましたからね。それは違うと思いますよ。当初通りしっかり全文を出して、文脈がわかるように報じていればよかったと思いますよ」

――続報でも当初の発言を全文掲載せよ、と。それがなければ「誤報」ということか。

「全文じゃなくても、文脈をちゃんと伝えるべき。誰が、どの時点で、必要としたのか。誰が、の部分は決定的な誤報だと思いますね。朝日や毎日が当初の発言から一部の文言を取り出して、ああいう見出しを付けたところから、こういうふうになったんじゃないでしょうか」

各社の記者からは「外国人記者たちは主語や時制の問題ではなく、市長の歴史認識自体を問題視している」「見出しとはそういうもので、キャンペーンを張ったわけではない」という反論も出たが、橋下は譲らず、主張が平行線をたどると、最後には「そこは認識の違い。僕はそう思っている」と、いつもの論法で話を打ち切った。

私も含めた報道陣とのやり取りは、その多弁に反して、虚しく空転するばかりだった。

第5章

忖度するメディア

エスカレートする記者への個人攻撃――２０１３年参院選

慰安婦発言の余波が長びく中、２０１３年７月４日に参議院議員選挙が公示された。

日本維新の会は44人の候補者を立て、「10議席以上（で、法案提出権を得る）」「与党の過半数阻止」を目標に掲げ、橋下は党の顔として、大阪市長の公務をほとんどなげうって応援演説に奔走した。選挙を何よりも重視する橋下にはしばしばあること――そして、彼の市政の問題点としてよく批判されていること――だが、この参院選では投開票日（21日）を含めた18日間のうち、登庁したのはわずか２日。あとはすべて「公務日程なし」で、関西から沖縄まで駆け回り、街頭でマイクを握った。

しかし、自身の発言のせいで、どこへ行ってもまずは釈明から入らなければならない。「自分は間違ったことは言っていないが、誤報によって誤解が広がった」との主張を曲げない橋下は、必然的にメディア攻撃を繰り返すことになった。

たとえば、７月16日付のしんぶん赤旗は、数百人が集まったという寝屋川市駅前での街頭演説の模様をこんなふうに伝えている。

〈橋下氏は「慰安婦制度は必要だった」など一連の暴言について、いくら言い訳してもその言い訳も含めて批判されているのに「そこに朝日新聞記者がいるけど、『朝日』や『毎日』の新聞や、その他のテレビが『大誤報』をやってくれたおかげだ」と責任を転嫁。「そのバス停にいる人が名前は言わないけど朝日新聞の記者」と述べ、繰り返し手で示して聴衆をあおりました。

自身の執拗な記者攻撃と、熱心な聴衆の反応をまずいと思ったのか最後には「記者個人をあんまりいじめないでくださいね。これをやったらおかしな世の中になっちゃうんで……」などと発言しました〉

共産党機関紙の選挙報道だから表現は割り引いて読む必要はあるが、発言自体は事実だろう。というのも、橋下は別の日にまた朝日の記者を槍玉に上げ、「おかしな世の中になっちゃう」と自ら言った個人攻撃を率先して始めているのだ。投票前夜の20日、維新のインターネット番組でのこと。

松井一郎を相手に「朝日新聞のね、政治部（出身）の記者ですよ」と言ったうえで記者の実名を挙げ、松井に「名前まで言う？」とやんわり諌められても「言いますよ、公人ですから」と振り切って、こんな話を始めた。

「京都市役所で演説をしてる時にスタッフが何かもめてたので、後で聞いたら、その政治部の記者が街宣車の横で見させろと言ってきたらしいんですよ。警備上の問題で無理だからエリア外に出てくださいねと言ったら、この朝日新聞の政治部の記者がですね、『俺は安倍首相の時にはもっと近くに行ってたんだ』『俺を誰様だと思ってる、朝日新聞の政治部の記者だぞ』『こんなことやってたら、お前ら不利になるぞ』とガンガン言うんですよ、政治部の記者が。

これね、永田町で勘違いしてるんです。国会議員とか政党の偉いさんと話をして、自分が偉くなった気分があるんじゃないですか。ふざけんじゃないって言うんです。大阪維新の会なんて、そんな政治部の記者との付き合いなんて何もないですから。この朝日新聞の記者、大阪市役所の記者会見に来いって言うんですよ、ほんとに」

実際の発言中では記者の名前を何度も連呼している。確かに過去に政治部にいたことはあるらしいが、この時点では京都支局の記者である。それを「朝日」「政治部」と権威を強調するワードを執拗に繰り返し、スタッフ側の言い分だけで横柄な発言と態度だったと決めつける。そして、自分たちはそうした「既得権益者」とは違う、言いたいことがあればオープンな会見の場に来いと、自分たちが「フェア」な大衆の味方であることを印象づける。いつもの橋下論法だが、投票日の前夜、松井との間に座っている候補者2人を無視して、延々とメディア批判を続ける様はかなり異様だった。

さらに、21日の開票後の記者会見ではこんなやり取りがあった。

日本維新の会の獲得議席は結局8議席にとどまり、慰安婦発言の影響があったのではないか、敗北の責任をどう取るかという質問が続いていた。明らかに不機嫌な表情で受け答えする橋下に対し、MBSの市政担当記者が

「選挙戦でもメディアの誤報だと慰安婦問題についてずいぶんおっしゃっていたが、やっぱりそれは看過できない。誤報ではなく、代表（橋下）の思われていることに、みなさん納得いっていないのではないかと思われませんか」

と質すと、堰を切ったようにマスメディア批判があふれ出した。

「思いません。じゃあ、参議院で（この時点で当確が出ていた）6議席取ってください。どんだけ大変なことか。一回取ってみてください。それだけの（票数の）人が理解し、後押しをしてくれてるという

現実も、メディアは見なきゃいけないと思いますね。

そこまで言われるんだったらMBSでも政治団体作って、政党立ち上げて、挑戦してみたらいいんじゃないいんですか。朝日新聞や毎日新聞が政党立ち上げて何議席取れるのかね。メディアは何百万部と紙を刷り、何百万世帯に電波を送ってるから、自分たちの言ってることが全部支持されてる、正しいんだと思っているかもわかりませんが、それで一体何議席得られるのか、やってみたらいいと思いますよ」

批判をするなら自分たちがやってみろという、ふてくされた子供のような言い方も橋下がよく使う切り返しだが、これをまともに聞けば、政治家になったことのない者は政治について何も言えなくなる。だが、そんな反論をする間も与えず橋下のメディア批判は延々続き、先の朝日記者の名前をまた持ち出して、不満をぶちまけた。会見の冒頭ではいちおう「政党代表である僕に対する信任がなかった」と述べたが、本心では「負けたのはメディアのせい」と考えているのだろうと見てとれる会見だった。

いずれにせよ、慰安婦発言以降、橋下の標的の中心がマスメディアに移ったことをはっきり示したのが、この参院選だったのである。

いじめに似た「橋下的なるもの」の光景――２０１３年堺市長選

同じ構図は9月の堺市長選挙でも繰り返された。

２００９年の前回選挙で橋下の強力な後押しを得て、大阪府職員から堺市長になった竹山修身は、その後に浮上した大阪都構想に参加しないことを表明し、「堺はひとつ」「堺を無くすな」というキャッチフレーズを打ち出して、堺市の廃止・分割に反対していた。

これに対して、橋下と維新側は堺市議の西林克敏を擁立し、「都構想で堺はなくならない。なくなるのは市役所だけ」「堺市の財源を吸い上げることはない。都（実態は府）と役割分担をして必要な分を使わせてもらうだけ」という言い方で、都構想への「誤解」を解くという防戦を強いられていた。得意としてきたわかりやすいキャッチフレーズを先に相手に出されたうえ、候補者の名前も浸透しておらず――維新は二度にわたり、堺出身の読売テレビアナウンサーに出馬要請したが固辞されていた――橋下はまた公務日程を市議会など最小限に抑えて何度も堺市入りすることになる。政令指定都市の市長が自分の役所を空にして、隣の政令指定都市の市長選で先頭に立って奔走するというのも、考えてみれば奇妙な話だ。

私はこの堺市長選の行方が気になり、期間中の街頭演説や集会にたびたび足を運んだ。報道各社の世論調査では「竹山リード」「堺市民は都構想に懐疑的」と伝えられていたが、都構想への賛否は別としても、橋下個人の人気は決して衰えていないような気がしたからだ。対立陣営や市役所、そしてマスメディアを標的にして市民の不満を煽り、負の感情を自分への支持に変える橋下的手法が、そう簡単に効力を失うとは思えなかった。

強くそれを感じたのは、告示を1週間後に控えた7日、泉北ニュータウンの栂《とが》文化会館で開かれた大阪維新の会のタウンミーティングだった。

会場のホールは710席がぎっしり埋まり、ロビーのモニター視聴用に並べた100脚近い椅子まで満席。通路は立ち見でふさがり、それでも次から次へと人がやって来る。会館にすら入れない中高年の女性たちが「なんで入られへんの？　せっかく橋下さんに会えると思って来たのに」「私ら橋下さんのこと応援してんのよ。声だけでも外に流してよ」と、維新のスタッフに口々に抗議している。支持者の集会ということを差し引いても、これだけ熱烈な声は竹山陣営や反都構想の集会では聞かなかった。

会が始まると、壇上には橋下側近である地元選出の馬場伸幸・衆議院議員、府知事の松井、市長候補の西林、そして橋下が並んだ。冒頭、司会役の馬場が「この4人で『政治家がしゃべりでどこが悪いねん！』と題して始めていきます」と冗談めかして言う。かつて関西テレビで放送されていた情報番組『痛快！エブリデイ』の人気コーナー「男がしゃべりでどこが悪いねん！」をもじったタイトルである。ああ、これはバラエティー番組の公開放送のようなものなのだと、さっきの女性たちの様子とも合わせて私は思った。

主役は市長候補の西林ではなく、もちろん橋下である。マイクを持つと、さっそくいつもの調子で演説……というより、毒舌トークが始まる。

「僕の悪口ばっかり言ってる、あの大谷昭宏氏というとんでもないコメンテーター。自分が正義の味方だと思ってる。テレビに出てギャラ稼ぎたいだけなんでしょうけど。大谷氏は『都構想なんてできるわけがない。国会議員だって見向きもしない。橋下は何考えてるんだ』とさんざん悪口言ってたんですよ。ところが見てください。去年の夏、都構想のための法律（大都市地域特別区設置法）ができたんですよ」

「慰安婦の発言でも、まあいろいろ批判されましたけど、僕は間違ったこと言ってないんでね。まあ、頭の悪い毎日新聞はいまだに僕の悪口ばっかり書いてますけど。みんな毎日新聞はおかしいって言ってるんですよ。この中でどれぐらいの方が毎日新聞取られてます？（と、挙手を促し）あ、ほんとに1人か2人ぐらいなんですよ。早くこの現状に気づいてもらって、毎日新聞なんかほんとロクでもない新聞ですから」

堺市長選を語る集会のはずが、冒頭から都構想の歩みや慰安婦問題の主張を繰り広げ、メディア批判になると罵詈雑言が止まらなくなる。さすがに松井に制止され、堺の話を始めたが、今度は竹山陣営の主張を「まやかし、デタラメ」「平成の大詐欺」と罵る。批判の度が過ぎて胸が悪くなるが、それ自体はいつものことだ。私が気になったのは聴衆の反応だった。

中心は50代〜70代か、ホールを埋めた中高年の男女はみんな一様に高揚した表情で橋下を凝視し、その多弁に聞き入っている。大谷、毎日新聞、竹山と固有名詞が出るたびにドッと笑いが起こり、「よくぞ言ってくれた」とばかりに拍手の嵐。毒舌タレントのショーでも楽しむように身を乗り出し、次に吊るし上げられる生贄を待つ。俎上にのせられる人や組織に特段の不満や感情は持っていなくても、橋下がバッサバッサと斬っていくのを見ると、さも問題があるように思えてくる。暗い感情を刺激され、「いい気味だ」と思ってしまう――。いじめの構図にも似た「橋下的なるもの」が眼前に可視化されたようで、空恐ろしいものを私は感じた。

ただのタレントならまだいい。しかし彼らが見つめているのは、国政政党を率いる政治家であり、大阪市長という権力者であり、自分たちの市を飲み込もうとしている都構想の提唱者なのだ。なぜこれほど無邪気に笑って聞いていられるのだろう。

泉北ニュータウンは堺の中心部から遠く、泉北高速鉄道はあるものの、運賃が異常に高く、アクセスも悪い。1967年の入居開始から70年代を通じて増え続けた居住者は高齢化が進み、取り残されていくような不満を抱える層が多いのだという。現状への不満や将来不安を橋下の攻撃的な言動に託し、溜飲を下げているということなのだろうか。

別の日、このニュータウンに住んでいるという初老の運転手のタクシーに乗ると、「堺も今のままやったらどないもならん。橋下さんにばーんと思い切って変えてもらわんとあかんのやけど」とぼやいていた。報道で維新の情勢が芳しくないのが残念そうだった。

堺市長選の勝敗を分けたもの――竹山修身市長の述懐

選挙戦自体は大方の予想通り、「堺はひとつ」の旗印の下に自民から共産まで組織を固めた竹山の優勢で進んだ。私は連日、橋下の街頭演説や集会、商店街の練り歩きなどを追いかけたが、話の内容はだいたい同じだった。マスメディアと竹山陣営と市役所の批判、「堺はなくならない」という釈明、「大阪都になればこんないいことがある」という宣伝の3つである。

折しも、自らの肝煎りで導入した公募校長・区長の不祥事が相次いでいたことに触れ、

「不祥事だ、けしからんとメディアは鬼の首取ったように書き立てますけど、あんなのセクハラ以外はたいしたことじゃないんです。公募する前だって不祥事はいっぱいあったんですから。それを朝日新聞や毎日新聞が橋下憎しで叩いてるだけ」

と、開き直ってメディア批判をしたかと思えば、

「堺は市役所だけが立派な高層庁舎を建てて、足元の商店街は衰退している。企業は流出し、『貧乏堺』

になっている。竹山さんはさぞ居心地がいいんでしょうが、このままだと衰退する一方です。それでいいんですか」

「グレーター大阪にして、東京に負けない『金持ち大阪』にならないとだめなんです。都構想で大阪と堺が一緒になれば、（当時、東京都が招致運動をしていた）オリンピックを呼ぶのも夢じゃない。そうしたらこの堺にも観光客がもっと来るんですよ」

と、根拠のない都構想の「メリット」を語る。が、旧市街地では、橋下見たさの聴衆は集まっても、泉北ニュータウンほどの盛り上がりはなかった。

主張が堺市民に響かないと見て取ると、橋下は「争点設定を間違えた」と言い、選挙戦終盤には「この選挙だけで大阪都にはならない。最終的に決めるのは住民投票だ」と軌道修正を図った。だが、時すでに遅く、29日の投開票では竹山が早々と2期目の当選を決めた。

竹山19万８４３１票、西林14万５６９票。圧勝に沸く選挙事務所で、竹山は「この戦いは堺市民と大阪維新の会の戦いであったんです！」と市民の連帯を強調し、それに呼応するように「堺はひとつ」コールが事務所を包んだ。

橋下は結局、堺の歴史や地域の成り立ち、大阪市との関係や市民感情をまるでわかっていなかったのだ、と堺やその周辺の大阪府南部の人たちからよく聞いた。勝手に「大阪都」なる枠組みに組み入れ、単純に人口規模だけで地域を切り分けて特別区を作ろうとする。それで「都」の看板が付くからいいだろう、東京みたいになれるからいいだろう、と言っている。それは彼が唱えているはずの「地方分権・地域主権」とはまったく逆の発想であることに、橋下自身、気付いていない。おそらく気付けない。以前取材した大阪府議会の関係者が、橋下の目指しているのは地域主権ではなく〝橋下集権〟だと評していたが、その通りだろう。

「彼には基礎自治体の長としての資質が決定的に欠けている」

竹山は後日、私の取材にそう語った。

「私は彼のことを〝言葉の魔術師〟と言うんです。取っつきやすい言葉で聴衆をイリュージョンに巻き込む力はすごいけれども、現場を知らん。見ようともせえへん」

象徴的な例として、堺市長選期間中の16日にあった台風18号への対応を挙げる。大阪市と堺市の境界を流れる大和川が危険水位を超え、大阪市では住吉、平野、住之江、東住吉の4区で計約13万1000世帯（約30万人）、堺市では約1万9400世帯（約4万2000人）に避難勧告が出た。そのさなか、橋下は自宅でツイッターを更新し続けた。災害情報や注意喚起ではなく、市長選での竹山陣営への攻撃を、である。最初にいちおう「（災害情報は）市長が個人的にツイッターで知らせるものではない。市役所として組織対応する」と断ってはいたものの、竹山が現場視察に出たことを知らされ、「状況を考えろ」と批判を浴びると、「土木担当の副市長や職員がいる。報告を受けて判断するのが市長の仕事であり、それが組織マネジメント。市長の現場視察は単なるパフォーマンス」と一蹴した。

竹山は、この一件が市長選の流れを決定づけたと見ている。

「現場に行くかどうかは別としても、少なくとも市役所には入り、職員がどう動いているかを把握しないと的確な判断はできません。大事なのは生の声や臨場感なんです。基礎自治体においては、生活がイコール政治になる。それをわかっていないから、屁理屈のような組織マネジメント論で逃げる。

現場主義を旨とする私の組織マネジメント論とは全然違う。

彼には、現場の課題に一つ一つ取り組み、粘り強く解決していくという姿勢がないんやね。都構想なんか最たるもので、ほんまに大阪が好きなんか？　と言いたくなる。制度論をもてあそび、それにかまけていたから、結局、実績らしい実績は何も残されへんかったんです」

それを勢いづかせたマスメディアに対しても厳しい。二度の市長選挙の戦い――一度目は橋下の応援を受け、二度目は敵として――を振り返った自著『決別』にこんなエピソードを綴っている。二度目の市長選への出馬を表明していた13年5月のこと。

〈五月二三日放送の同局（注・読売テレビ）の朝の報道番組、「朝生ワイド　す・またん！」でキャスターの辛坊治郎氏が、

「もともと、この堺市長というのは、大阪維新の会の全面バックアップで市長になったんです。市長になった瞬間に、堺市は都構想は嫌だっていう話になって」

と事実誤認の発言をしていた〉

09年9月の一度目の市長選時点では、大阪維新の会も都構想も存在していない。そんなことはちょっと調べればすぐわかるはずだが、橋下に肩入れする辛坊は思い込みで発言したのだった。明白な誤報である。竹山事務所はこれに抗議し、番組は別のアナウンサーによる訂正を流したものの、それでは済まなかった。他の2局でも同じ内容の報道があり、維新の議員や支持者たちはツイッターなどで事実誤認を拡散した。これが「裏切者」との批判を招く。さらには二度目の市長選に勝って2か月後、関西プレスクラブに招かれて講演した際のプロフィール欄にも、一度目の選挙について「大

阪維新の会から出馬」と書かれていた。選挙結果がとっくに出た後、報道関係者が集まる会にして、こんな状況なのだ。

「橋下氏が『竹山は裏切者』『堺がなくなる詐欺』などと選挙中に言ってたのには憤りを覚えたけど、ああいうプロパガンダを気にして、いちいち反応してもしょうがないと私は思ってるんです。客観性を持って地道に事実を訴えていけば市民には伝わるし、向こうもそのうち、よう反論せえへんようになる。

だけど、彼の言葉がキャッチーやからといって、その言い分に乗っかり、事実確認もせずに誤報をやるメディアっていうのは何なのかと思いますね。橋下氏はメディア受けする話題作りの天才やから、彼に対して無批判に迎合する空気があるんと違いますか。私も市長として、堺のことを好意的に報じてほしいからメディアとの関係には気を使いますよ。無駄な対立はしたくないし、言論の自由を侵すようなことは絶対したらあかんと思ってる。そやけど、間違いはきちんと抗議して正していかんと、嘘が広まるばっかりです」

橋下維新と選挙を戦う者は、それについてくるメディアも一緒に相手にしなければならない。同じことを前堺市長の木原敬介も、前大阪市長の平松も語っていた。しかし、対立陣営にはそう見える橋下とメディアとの関係も、この選挙を境に、さらに冷え込んでいく。

負けたのは「メディアのせい」なのか

話を2013年9月の堺市長選投開票日に戻す。

竹山の事務所が勝利に沸いている頃、西林の事務所では記者会見が行われていた。選対本部長の馬場と西林は短く敗戦の弁を述べると、10分足らずで退席。代わって橋下と松井が45分にわたって選挙戦を総括した。「誰が候補者なのかわからない」と言われたこの選挙を象徴する光景だった。

そして、ここでも橋下は会見の大半をメディア批判に費やした。こんな内容である。

選挙戦の終盤、朝日新聞が大阪維新の会の政党広告の掲載を拒否した。他紙は載せており、朝日も当初は載せる予定だったのに、橋下嫌いの広告局幹部が「選挙広告に当たる恐れがある」とひっくり返した。そういう内部告発があった。自分はこれまで意見の相違はあっても朝日を言論機関として尊重してきたが、あまりにもアンフェアで許し難い。きちんと説明があるまで取材には応じない――。

単に朝日の広告掲載基準の範囲内の話だろう――選挙期間中の候補者の広告には大きさや回数などの規定があるが、政党広告については明確な規定がないという――と私は思うが、「表現の自由の侵害だ」と声高に訴え続ける橋下は、参院選の時と同様、敗因をメディアに責任転嫁しているようにしか見えない。「朝日の広告不掲載のせいで負けたんだ」と。

この会見から朝日の記者は締め出され、その後も「会見には出てもいいが、質問は拒否する」という状態が数か月続いた。以前の週刊朝日問題や府知事就任当初のNHKとのトラブルを思い起こさせる対応である。橋下の言う内部告発について、朝日側は「そうした事実はない」と否定したが、「告発には信憑性がある」と突っぱね続けた。これは、慰安婦発言後の外国人特派員協会記者会見をめぐる毎日の記者とのやり取りと同じだ。

こうしてみると、橋下は繰り返し同じ手法と論理でマスメディア批判を展開してきたことがわかる

（記事自体に問題のあった週刊朝日の件は別だが）。マスメディアの舞台裏を暴露して、「言った・言わない」の水掛け論に持ち込み、最後は「見解の相違」で打ち切る。そして、取材や出演を拒否したり、後々までそれを持ち出したりして攻撃を続ける。現場の記者は会社と橋下の間で板挟みになって困惑し、これを見ている周囲の記者やメディアは踏み込んだ批判をしにくくなる。面倒は避けたいと、橋下の機嫌を損ねないよう忖度するようになる。朝日と毎日は、そのためのスケープゴートだ。「マスゴミ」「サヨク」嫌いが多いネット上では、両社への批判が高まり、時には関わった記者の個人名まで拡散してゆく。

だが、いくら橋下が声高に一方的な批判を繰り広げ、報道をコントロールしようとしても、ニュース価値を失った者にマスメディアは冷たい。堺市長選の惨敗で大阪都構想が暗礁に乗り上げると、中央のメディアでは「賞味期限切れ」「維新も風前の灯」と言われ、在阪メディアですら橋下を取り上げることが減っていった。

しかし、目に見える選挙結果や政局はそうであったとしても、堺のニュータウンで目の当たりにした、あの「橋下的なるもの」が沈静化していくとは、私にはどうしても思えなかった。橋下自身も、メディアとの関係も、このままでは終わらないだろう。そう考えて、事態が一段落した頃、ノンフィクション雑誌『G2』（講談社）に1本のルポを書いた。全文を以下に掲載する（一部、追加と修正を加えた）。

誰が「橋下徹」を作ったのか——日本一人気のあった政治家の「誕生と凋落」

◉相変わらずの新聞〝口撃〟

すっかり熱気の冷めた薄暗い通路で、彼の発する言葉だけは相変わらず饒舌で強気、そして挑発的だった。

「僕が大阪市政を何もやってないと言う人は多いですけど、（実績を）一つ挙げろと言われても挙げきれない。府知事時代の10倍20倍のことを、この2年間でやってきた自信はある」「（日本維新の会の代表としても）いろいろ言われますけど、衆参合わせて60名を超す政党を、準備期間1年を含めて2年間でやれと言われて、できる人が（自分以外に）いるんですかね」

2013年11月26日午前10時、大阪市役所5階。登庁時と退庁時の一日2回、エレベーターホールから市長室へ至る通路で行われる囲み取材（ぶら下がり）で、橋下徹は20人余りの記者団にそう胸を張った。前職の府知事から市長選へ鞍替え出馬し圧勝した11年の大阪ダブル選挙から、翌日でまる2年となるにあたり、「市長になって一番の実績は何だと思うか」「政党代表としてはどうか」と問われたことに対する答えである。

あくまで強気に自画自賛する一方、彼の基調にある攻撃と威圧が顔を出す。聞かれもしないのに、彼に批判的な哲学研究者で前市長特別顧問だった内田樹の名前を唐突に持ち出して意趣返しの〝口撃〟を加える。別の記者から、「大阪都構想」が行き詰まった場合、辞職・出直し選挙の考えはあるのか問われると、「そんなことどうでもいいです」と不満も露わに一蹴する。傲岸不遜に相手を黙らせる物言いは、この2年間で磨きがかかった。維新の会の共同代表に並び立つ石原慎太郎を思わせもする。

橋下の口撃対象は、彼に批判的な学者や政治家、コメンテーター、そして何よりも彼を取り巻くマスメディアである。

昨年5月に「従軍慰安婦は必要だった」という自らの発言で窮地に陥った橋下は、釈明に追われる中で「大誤報をやられた」と報道に責任を転嫁し、それ以降の半年というもの、メディア批判をどんどん強めていった。発言を強く問題視した朝日新聞と毎日新聞にはとりわけ執拗に絡み、何の話をしていても、「朝日や毎日はこんなバカなこと書いてるけども……」と口をつく。あまりにも頻繁に、まるで息をするように吐き出される悪口雑言に、もはや記者は誰も反応せず、記事として拾うこともない。

ある市政担当の新聞記者は、私に冷ややかに言った。

「メディアぐらいしか批判の対象がなくなったんでしょ。公務員を叩き、労働組合や教育委員会を叩き、議会や既成政党を叩き、電力会社を叩き……体制内にいながら、何か大きな敵と闘っているような反体制・反権力イメージが彼の人気を支えてきたわけです。小泉（純一郎）元首相みたいにね。ところが、彼はこの2年でそれらの敵をほぼ制圧し、国政第三党の代表にまでなった。どこから見ても権力者、体制そのものですよ。メディアを既得権益にして攻撃することで、改革者のイメージを取り戻したいんでしょう」

あの攻撃性は、「戦略」である以前に「性格」だと見る者も多い。大阪のローカルニュース番組で橋下と何度か論を戦わせたコメンテーターは、経験をもとにこう評する。

「批判や異論を唱える存在がとにかく気に食わない。論点ずらしやすり替えといった詭弁を駆使してでも、徹底的にやり込めないと収まらないんでしょう。彼はそれを意識的にテレビカメラの前でやることで、閉塞感や不遇感を抱える人びとの喝采を浴びてきた。でも、そのやり方はさすがにもう飽きられていると思います」

確かに、発言内容はどうあれ、歯切れと威勢だけはよい彼の〝テレビ話法〟が放っていた輝き、その訴求力と影響力は、半年前と比べればすっかり色褪せてしまった。囲み取材の光景が如実に物語っている。

◉橋下とテレビとの「共犯関係」

大阪市政における橋下の原点にして、最大の公約である「大阪都」構想を掲げて臨んだ昨年9月末の堺市長選で維新の候補者が惨敗すると、メディアの関心は急速に薄れた。それまで囲み取材ではNHKと在阪民放テレビ5局、それにネット中継のカメラ計7台が常時放列を敷いていたが、10月15日からテレビカメラは代表撮影の1台だけになった。かつては橋下が現れるといくつものライトで煌々と白く照らされ、即席のスタジオのようになった通路の一角は、もともとの薄暗さが勝って、どこか陰気な画となり、橋下がいくら強気に多弁を繰り出しても、顔色に憂鬱そうな影が差す。

その1週間後、10月22日の登庁時には、記者からの質問が一つも出なかった。いちおう記者団の前に立った橋下は、誰も声を発しないのを見ると、サッと足早に去る。この日を境に、そんなことがたびたび起きるようになった。

「衝撃でしたね。ついにこんな日が来たか、と」。ある在阪局のニュース番組プロデューサーは嘆息まじりに言った。橋下が政治家になって6年近く、府・市政であれ、国政であれ、あるいは政治に関係ない時事ネタや芸能ニュースであれ、「質問なし」の日は記憶にないという。「ほんの1年前の衆議院総選挙の頃、彼は絶頂期でしたよね。あれだけ注目と影響力をほしいままにしていた政治家が、わずか1年足らずの間にここまで力を削がれ、世の関心を失ってしまう。その急激な落差もまた彼のなせる業という気がします」

橋下はマスメディアの欲する発言や話題を次々と提供し、取材に最大限応じることで露出を高め、絶大な発言力と影響力を手にしてきた。橋下とメディアの「共犯関係」は、多くの人が指摘するところだ。本人も「僕なんて、すぐ賞味期限が切れる」「メディアに飽きられたら終わり」と繰り返し語ってきた。火の消えたような囲み取材の光景は、その自嘲がいよいよ現実となったようにも見える。

昨年私は、「従軍慰安婦発言」に端を発した狂騒の中で橋下と在阪メディアの関係を取材し、「橋下徹とメディア」と題する記事をWebメディアの現代ビジネスに連載した。そこでは主に新聞をめぐる話を展開したが、タレント弁護士から有力政治家となった橋下の歩みの中で、より強力な共犯者であり続けたのは、やはりテレビだろうと考えている。

その手法の是非や好悪は別にして「テレビ政治家」としては最も優れた、究極の存在であった橋下徹は、これで終わったのだろうか。彼を追いかけ、好むと好まざるとにかかわらず共犯者となったテレビの作り手たちは、今何を思うのだろう。そして、彼が再びテレビの表舞台を席巻する日は来るのだろうか——。

そんな問いをぶつけるために、私は在阪テレビ局の記者、ニュースデスクやプロデューサー、コメンテーターやアナウンサー、制作会社のスタッフたちを訪ね歩いた。

◉「蜜月」時代はいつ終わったか

「彼が相当に苛立っているのは確かです。参院選、堺市長選と負けが続き、『大阪に専念する』とは言ったものの、足下の大阪市政では市議会の反発もあって、就任1年目に次々と打ち上げた政策が停滞している。府市の水道事業統合は頓挫し、市営地下鉄の民営化はデッドロック状態。最大の眼目である都構想（府市を統合し、現在の大阪市域24区を5か7の特別区に再編する）も、財政の節減効果がほとんどないことがわかり、『節約の話ばかりしてもしょうがない』と目先を変えようとしている。どう巻き返そうか考えているのでしょうが、注目を集めたり、矛先をかわしたりするためにメディアを攻撃しているのだとしたら、政治家としては末期的でしょうね」

冒頭の囲み取材で橋下に2年間の総括を質した民放記者の見立てである。地方自治をテーマに取材してきた40代のこの記者は、08年の府知事選から就任半年まで橋下を担当。いったん離れた後、大阪ダブル選挙2か月前の11年9月に再び府庁担当となり、橋下と一緒に市役所の記者クラブへ移ってきた。最も長く橋下を取材し、時に厳しい質問を投げかけるこのベテラン記者が、橋下とテレビの関係をどう見ているのか、私は知りたかった。

「人間的な親しみはあまり感じませんし、政策や手法に共感できないことも多い。でも取材対象としては、橋下さんほど面白い存在はありません。なにしろ彼が来たことで、それまで停滞しきって何も変わらなかった役所が次々と動き出すんですから。公務員や労働組合に対するショック療法的な締め付けも、彼でなければできなかったでしょう。最初の頃はとにかく日々の動きを追うのに忙しく、また楽しかった」

同じような声を他局の複数の記者から聞いた。腐敗と停滞の象徴だった役所を変え、大阪を変えるんだという「同志的な連帯感」。あるいは、「有言実行の若き改革派知事」に対する熱い期待。そういう高揚感を、とりわけテレビの記者たちが橋下と共有していた蜜月の時期が確かにあったという。

ベテラン記者は言う。

「今もよく覚えていますが、府知事になった最初の会見で、彼は『記者会見は戦場だと思っている。しょうもない質問はどんどん論破します』と宣言したんです。その通り、政策をめぐって記者とたびたび議論になった。それによって方針が変わることもあった。

でも3年ほど離れた後に戻ってみると、そういう関係性はなくなっていました。今は、彼が一方的に言いたいことを言い、その多弁に記者たちは『またか』とうんざりしている。囲みで質問するのは、僕と朝日新聞の記者ぐらい。ただ、その朝日に関しては堺市長選での維新の広告掲載をめぐってトラブルになり、橋下さんが質問を拒否し続けています。質問なしとなる背景には、そういう事情もあるんです」

◉言葉巧みな「ヘイトスピーチ」

在阪テレビの人間たちが、橋下の〝変節〟に気づいたきっかけはいくつかあった。

あるニュース番組のプロデューサーは「公約の柱だった脱原発を捨て、大飯原発再稼働を容認した時」だと言い、別の局のニュースデスクは「石原慎太郎の太陽の党と合流した時」だと言う。あるいは、「（橋下の出自を差別的に書いて批判を浴びた）週刊朝日問題で出版社の幹部をカメラの前で謝らせた、あの画を見た時」だったと話すアナウンサーもいる。

そうした小さな違和感が積み重なっていたところに決定打となったのが、「従軍慰安婦」発言だった。先のベテラン記者が振り返る。

「聞かれもしないことを語り始め、正当化しようとして、どんどん墓穴を掘っていった。市政に全く関係ない彼の個人的な見解なのに、大阪の印象まで悪くしてゆく。だから僕は会見で言ったんです。政治的主張は党で意見を取りまとめて国政の場でやるべきでは、と」

しかし、橋下は聞き入れなかった。「間違ったことは言ってない」とあくまで撤回せず、反発を呼んだのは誤報のせいだと主張して、メディア批判をエスカレートさせた。参院選の街頭演説では、街宣車の上から取材中の記者たちを指して聴衆を煽り、支持者の集会では「便所の落書きみたいな毎日新聞」「小金稼ぎのコメンテーター」と罵詈雑言を並べ立て、維新の会のネットテレビ番組では、朝日の記者の実名を連呼して嘲笑した。

私も現場で、そうした場面を何度か目のあたりにした。単なるウケ狙いをはるかに超えた、まるで「言葉巧みなヘイトスピーチ」は聴衆に「嗜虐の愉楽」を提供し、会場が喝采に包まれてゆく。その光景に二の腕が粟立つ。と同時に、これは極めてテレビ的な振る舞いなのだろうと思った。「毒舌」や「直言」や「ぶっちゃけ」を持て囃してきたテレビというメディアの、橋下徹は一つの「達成」なのではないか、と。

だとすれば、テレビの作り手たちは、自分たちの責任をどう感じているのだろう。

「暴論や極論であっても、一つの意見であることは間違いない。それをきっかけに議論を喚起できれば成功やと思いますよ。誰かの発言が問題だと思うなら、意見を戦わせて論破すればいいわけで。変に自主規制したりするほうがおかしいことになるんとちゃいますか」

と言うのは、出演者の過激な発言やタブーを恐れぬテーマ設定で知られるトーク番組のディレクターである。橋下もタレント時代に出演していた。

一方、同じテレビでも報道部門の見方は、こうしたバラエティー系とは、ややトーンが異なる。市政担当のベテラン記者の弁。

「テレビが橋下さんを取り上げすぎた、連日行動を追い、刺激的な発言をそのまま流すことで共犯者になったという指摘は、全体状況としてはその通りかもしれません。ただ、僕自身は聞くべきことを聞いてきたし、批判すべきはしてきたという矜持はある。

毎朝夕の囲み取材が必要かと言われれば、確かに最近の状況を見てると、1日1回でいいかなと思うこともある。でも、政治家が逃げずに答えるのは基本的によいことですし、取材機会は多いほうがいい。あとは、伝え方の問題でしょうね。検証や解説、あるいは論評の視点をしっかり持つべきだとは思います」

◉ニュース戦争の〝おいしい〟素材

取材現場の空気と距離を置き、ニュースの扱いを決めたり、VTRを編集したりする局内のスタッフに聞けば、さらに自省の色合いが濃い。

「橋下報道に関しては、テレビの功罪……というより、ほとんど罪ばかり作ってきたのかもしれません。（2012年12月の）衆院選ぐらいまでは熱に浮かされて、ブレーキをかけたり、深く考えたりする余裕は正直なかった。彼は言葉や表現の陰影のつけ方が非常に上手いですから、純粋にニュース素材として〝おいしい〟んです。そしてやっぱり、彼が映れば目に見えて視聴率が上がったんですね」

夕方5〜6時台のニュース番組を担当した、ある局のプロデューサーは率直に反省を口にした。在阪各局は、この時間帯に硬派の報道と生活情報を並立させたワイドニュース番組でしのぎを削り、「ニュース戦争」と言われている。視聴率は5〜8％台。そこで橋下を取り上げれば、即座に2〜3ポイント上がったのだという。生出演だと、さらに伸びる。このプロデューサーの番組が最高視聴率を記録したのは、大阪ダブル選に圧勝した橋下が選挙後初めて生出演した日。10％を超えたという。

「リタイア世代や主婦層しか家にいないこの時間帯に二桁に乗るなんて普通はあり得ない。それぐらい大きな風が吹いていたんです。だから日々のVTRにしても、いかに橋下ニュースの尺を引っ張るか、それも他局より1秒でも長く……と考えていた。その結果、うちのアーカイブ室には今も、彼の囲みや会見を撮った素材が30分テープにして数千本、消去されずに残っています。

今にして思えば無防備ですよね。彼の言葉に反射的に飛びつき、露出を高め、いつ選挙があるかわからない中で、知らない間に投票行動に影響を与えていたかもしれない」

テレビの中で映える橋下の話法については、やはり夕方のニュース番組を統括していた別の局幹部も語っていた。

「1本のニュースの中でコメントは最大15秒。できれば10秒程度で言い切ってくれると、より編集もしやすい。その点で橋下氏の言葉は非常にテレビ的で使いやすかった。府知事就任直後に言った『(府職員は)破産会社の従業員』にしても、(国の直轄事業負担金に抗議した)『ぼったくりバー』にしても、あるいは大阪都構想にしても、わかりやすい言葉で争点化するのが上手い。それはやっぱり彼がコメンテーター時代に身につけた能力でしょう。

テレビは小泉劇場で懲りたと言われますけど、テレポリティクス(テレビを利用した政治)というのは魔力みたいなものでね。やっぱり、より刺激的な言葉、より強力なキャラクター、より目新しい話題を追うもの。それはテレビの宿痾というか……」

そうしたテレビ一般の性格に加えて、在阪局ゆえの事情もある。自らを「ニュース屋」と称する先のプロデューサーは、こう語る。

「われわれは準キー局と言ってますが、つまり近畿圏のローカルニュースです。従来、大阪発で全国にネットされるニュースといえば、切った張ったの血なまぐさい事件がほとんどで、政治・行政ネタなんて取り上げられることはまずなかった。それが彼の登場で一変したんです。自分たちの取材対象が全国的に注目を浴び、情報を求められる。ニュース屋としては魂踊る高揚感があった。それは否定できません」

◉テレポリティクスの魔力

橋下人気があれほど熱狂的に盛り上がったのは大阪ゆえ、在阪メディアの存在ゆえ、と言われる理由は他にもいろいろある。

新聞も含めて大阪には政治部がなく、ちょっと目立つ政治・行政ネタがあれば、社会現象として報じられる。「自助努力」や「競争重視」といったメンタリティから橋下に共鳴する芸人やタレントが多く、彼ら〝応援団〟が情報番組などの常連に座っている。「お笑い百万票」と言われるタレント政治家に優しい土壌。「権威嫌い」「野党精神」「よき二流」などと表現される東京や中央への対抗心。にもかかわらず、地盤沈下が止まらず閉塞感漂う現状……。

これらはすべて、私が橋下ブームについて聞いたメディア関係者たちが挙げた要素だ。

テレビはそんな空気をすくい上げ、さらに増幅して伝える。橋下はそれを敏感に読み取って、次々と〝おいしいネタ〟を提供し、自らの改革者イメージを——公務員や教育現場を管理統制する以外、ほとんど「実績」を上げていないにもかかわらず——作り上げてきた。そして、視聴者はテレビの振りまく空気を吸い込んで「何かを変えてくれる」「現状を打破してくれる」と曖昧な期待を膨らませ、橋下言うところの「ふわっとした民意」となった。いわば、橋下自身が視聴者の欲求を映すメディアであり続けた、この6年間だった。

しかし、橋下は失速した。

それは市民の評価が「挑戦者」から「権力者」に変わったからだ――と、維新の内部資料は分析している。現状認識と今後1年間の活動計画をまとめた12枚のペーパーは、いかにも広告代理店が作成したものらしく、対策として〈「権力者」から「挑戦者」への意識的なイメージ変換戦略〉〈メディア等への積極露出⇕広報戦略〉を挙げている。

その戦略を実践するように、橋下は市長就任から2年を目前にした昨年12月半ば、在阪局のニュース番組に相次いで出演した。たとえば12月16日の朝日放送（ＡＢＣ）『キャスト』はこんな調子だ。

オープニングは「市長在任７５０日」を振り返るＶＴＲ。苦悩、苛立ち、涙、笑顔……と、橋下のさまざまな表情が次々と流れ、感動を誘うようなＪポップのＢＧＭ。選挙用プロモーションかと見まがう映像の締めに「橋下市長の笑顔が見たい！」と声が被る。

番組視聴者アンケートの設問は「橋下市長のココが好き！」。大阪の街頭で収録した市民の声では１００人中60人が橋下を「好き」と答えたといい、

「一歩先の未来を考えてやってはる。あの人しか日本を変えられないと思います」

「最近おとなしなったんちゃう？　もっとバンバン言うたらええねん」

「橋下さーん、愛してる。ズバズバ斬ってくださーい」

と印象論だけの好意的な声が次々流れる。批判的なコメンテーターが一人おり、取材記者による厳しめの政策評価もあったものの、橋下は口先でかわし、彼らに反論することで、逆に自己をアピールする。

辟易しながら眺めていた私が最も驚いたのは、40分に及ぶ出演時間の締め方だった。キャスターが「橋下さん、しゃべり足りないでしょう」と、締めの90秒をまるごと橋下に差し出したのである。こうなれば彼の独擅場だ。

テレポリティクスの魔力――。ある在阪局の幹部が口にした自嘲がよみがえる。彼が言うように、それはテレビの宿痾なのだろう。しかし、そうであればこそ、作り手が意識的に論評や検証の視点を持つべきではないのか。「権力者」に利用され、コントロールされることに、もっと敏感であるべきではないのか。

東京から見れば、「橋下は終わった」と思えるかもしれない。しかし、決してそうではない。その証拠に、日本維新の会の支持率が1〜3%台に低迷する一方、大阪府下での橋下個人の支持率は49%（朝日新聞社・ABC調べ）から58%（読売新聞社調べ）と、依然根強い。

次の一手はどう出るか。何を打ち上げてくるか。橋下周辺では、野党再編へ向けた動きも活発化している。彼が本格的に巻き返しへ動き始めた時、このままだと在阪テレビは再び「空気をまとった権力者」に負けるだろう。

（『G2』15号 2014年1月22日）

「多数者の専制」が生む「過剰忖度」――北大・中島岳志准教授の分析

先のルポの最後に触れたABCの『キャスト』で、「批判的なコメンテーターが一人おり」と書いたのは、中島岳志・北海道大学大学院法学研究科准教授のことである。紙幅の都合で詳しく書けなかったが、実はこのご祝儀ムードにあふれた番組内で、中島は一人、メディアの姿勢を正面から厳しく問い質していた。

　こんな発言である。

「これは橋下さんにおうかがいしたいんではなくて、放送局に対してなんですけれども。橋下さんが慰安婦発言の時に『メディアに大誤報をやられた』という発言をされていますよね。もし大誤報をやったということになると、それは報道機関として大変な問題だと思うんですね。朝日放送は誤報をやったという認識なのか、そうでないのかというのを、僕はまずお聞きしておかないといけないと思うんです」

　司会者のアナウンサーは戸惑いながらも「誤報だとは思ってない」といちおう言って、なんとか番組を進めようとする。中島はさらに続けた。

「橋下さんに限らず、たとえば安倍首相でも結構なんですが、権力を持っている人が何かの発言をして、それを（報じた記事や番組を）誤報だと指摘した時に、報道機関はどう対応するべきなのか、報道機関はちゃんと問わないといけない。それを問わないまま、『橋下さんのココが好き』とかですね、あるいは、英雄的な音楽をバックミュージックにして（VTRを）放送するということについては（どう考えているのか）、僕はちゃんと放送局のこれからの姿勢というのをしっかりと示してもらいたいと思うんですが」

　これほどはっきりと橋下とメディアの問題をテレビの中で指摘した発言を私は他に知らないが、司会者は「意見は重く受け止めさせていただきますけども」と流し、番組は滞りなく進んでいった。

中島は、橋下の「敵を作って攻撃する」政治手法や詭弁を弄する言論術、それにメディアとの関係を危険視し、最も早くから警鐘を鳴らしてきた一人である。テレビで何度か橋下と論戦を交わし、そのため、ツイッターなどで激しく攻撃を受けた時期もある。

さらに、自身の著書『「リベラル保守」宣言』をめぐっては、当初刊行予定だったNTT出版から、橋下と日本維新の会を批判的に論じた章の全文削除などを求められ、これを拒否したために出版が取りやめになるという目に遭っている。ちょうど週刊朝日問題で、橋下が朝日新聞出版と朝日新聞を激しく批判していた12年秋頃のことだったという。その後、同書は新潮社から無事に、内容を改変することなく出版されたが、そのあとがきで中島はNTT出版との経緯を説明し、こう書いている。

〈私はNTT出版の内部に働く「自主規制」と「過剰忖度」を強く感じました。私は「今おっしゃっている削除要請こそが、私が批判する橋下現象の重要な一部であると思う」と伝え、出版の取りやめに合意しました。

私は本当に残念でした。それは、自分の書いた本が予定通りに出ないことに対してではなく、メディアの一翼を担う有力出版社が、いとも簡単に時代の空気に飲み込まれていくことに対してでした。私は、このような現象が拡大してはならないと思っています。そのため、一連の経緯を明記しておくことにしました〉

こうした経緯に加え、過去に何度か、中島がシンポジウムなどで橋下とメディアの関係について重要な指摘をするのを聞いていた私は、あらためて彼に取材を申し込んだ。先の『キャスト』の2か月ほど前のことである。

「メディアは橋下氏にすり寄っているのではなく、世論にすり寄っているんですよ。メディアは大衆が大きくなびいている方向へなびく習性があります。それに反する報道をして、大きく批判されることを怖がっている。これは別に橋下氏と在阪メディアに限った話ではない。大阪だけの現象じゃなく、構造的な問題なんです」

そう中島は言って、フランスの政治思想家トクヴィルが『アメリカのデモクラシー』の中で指摘した「多数者の専制」という現象を挙げた。

多数者が絶対的な力を持つのは民主政治の本質だ、とトクヴィルは説く。一人の人間より多くの人間が集まった方が知識も知恵もある、また、最大多数の利益は少数者の利益より優先されねばならないという原則があるからだ、と。しかしその結果、

〈ある問題について一度多数が形成されるや、その歩みを止めるどころか、せめてこれを遅らせることのできる障害すらほとんど存在しない。自らが踏み潰してきた人々の嘆きに暫し耳を傾ける時間を与えられることもない〉

そして、そうした社会においては

〈一度多数の意見が決定的に宣言されるや、誰もが口を閉ざし、敵も味方もなく競って多数の後に従おうとするように見える〉

トクヴィルの指摘を踏まえて、中島は言う。

「つまり、民衆を中心に置きながら民衆が抑圧される状態が起こるわけです。その多数を作るのがマスメディア。地域社会などの中間共同体が脆弱になってくると、大衆を形成する個人とメディアが

直接つながり、感情的な反応に世論が振れやすくなる。同じことをハーバーマスというドイツの哲学者も言っています。彼の言葉で言えば、メディアと大衆が一体化し、そこにポピュリスト政治家が生まれ、市民的公共圏がやせ細っていくということになりますが。

たとえば、ＮＨＫが番組中で視聴者のツイッターの声を流したりしてるでしょう。あるいは、お笑いの番組でも、何人笑わせたら勝ちというような演出がある。ああいう作り方は、個人とメディアが直接的につながっている時代の表れだと思いますね。

視聴者は賢者だ、とテレビの人たちは言います。それは半分正しく半分間違っていると思う。大衆に受ける方向にばかり向いて行くと、多数者に従わない者は悪だという専制が生まれる。いくら9割の支持があろうと、批判するべきは批判するのがメディアの役割のはずです」

常々、「選挙こそ究極の民主主義」と強調し、「民主主義は感情統治」と述べたこともある橋下はまさに「多数者の専制」を作り出そうとしている。それは民主政治が本来的に持っている矛盾であり、橋下ならずとも必ず社会に現れてくる現象なのだろう。問題は、それを利用して掉さすか、危惧を覚えて異を唱えられるか――。

しかし、橋下を番組に招き、異論も挟まず好き勝手に語らせている状況では、「口を閉ざし、敵も味方もなく競って多数の後に従おうと」していると言われても仕方がない。

中島は、先の番組での一件があった後、番組プロデューサーに抗議し、13年の末で番組を自ら降板した。

メディアの無関心にいら立つ――2014年出直し市長選

大阪都構想の制度設計を府市の議会各派で話し合う法定協議会（法定協）が思うように進まず、マスメディアの注目も薄れ、自らの失速と影響力の低下を痛感していた橋下が、起死回生を図るべく頼ったのはやはり「多数の力」、つまり選挙を仕掛けて勝つことだった。

2013年、維新は負けが続いた。7月の参院選の不調。9月の堺市長選の惨敗。その前、6月の東京都議選では慰安婦発言がもろに逆風となり、立候補34人中、当選は2人という大惨敗を喫した。慰安婦発言より前の4月にも、兵庫県宝塚市と伊丹市の市長選挙で維新の候補が揃って大差で敗れている。

「あまり目立ちませんが、あれが潮の変わり目だったのではないか」

と、ある在阪局のデスクは見る。

「あの選挙の前に、大阪維新の会幹部の浅田均府議が『大阪都構想に阪神間や神戸まで組み入れたい』と発言したんですよね。それで『維新を兵庫に上陸させるな』と反発が強まり、そのワンフレーズのもとに反維新勢力が結束を固めた。その戦い方が、堺市長選の『堺はひとつ』にもつながっていった気がします」

すでに「権力者」「既成政党」と見なされるようになった橋下維新が再び「挑戦者」になるには、選挙しかない。自分の力の源泉は最終的にそこにしかない。勝ちさえすれば、それを理由に反対勢力を抑え込める。原点に戻ろうと橋下は考えたのだろう。14年2月3日、市長を辞職し、出直し選挙に打って出ることを記者会見で表明した。

100人近い報道陣が集まった会場の後ろの方に私はいたが、橋下が松井と並んで入ってきた時から、かなりいら立っているのが見て取れた。

「大阪市民の皆さん」と切り出した橋下は、居並ぶ記者たちを無視して視聴者に直接語りかけるように、後方のテレビカメラへ視線を向け、冒頭30分をかけて辞任・再出馬の理由を説明した。「大阪都構想の是非を問うため」とする報道を「まったく違う」と切り捨て、

「都構想の是非は住民投票で決めるんです。その是非をみなさんに判断してもらうための説明書(法定協を経てまとめる特別区設置協定書のこと)を夏までに作らせてほしい。そのことを問う選挙なんです。都構想は中身がない、説明不足だと、メディアやコメンテーター、学者は言いますが、当たり前です。設計図はこれから作るんです」

と語った。例によって繰り返しが多く、報道批判などへ脱線するため、長々とした演説となったが、要点はこういうことだった。

法定協では今、大阪市域を5区に再編する2案と、7区にする2案の計4案が検討されている。ここから1案に絞り、詳細に内容を詰めた協定書を作って住民投票にかけるわけだが、自分の任期中に住民投票を行うには、早く1案に絞らねばならない。しかし、議会の他会派が反対している。議会も民意の代表なので、その意志に反して話を進めようと思えば、もう一度民意を問わねばならない。有権者のみなさんの後押しが必要だ——。

橋下は法定協の委員構成を維新が過半数になるよう入れ替えることを公約していた。他会派を排除して強引に一案に絞り込み、協定書をまとめる腹づもりだった。だが、思い通りに物事が進まないからと子供が積み木を崩すようなやり方は、「大義がない」「税金の無駄遣い」「市政の私物化」と

批判にさらされた。再選されて出戻ったところで、法定協のメンバー入れ替えは強行できても、府・市議会の構成は変わらない。協定書が議会で否決されるのは目に見えており、確かに無意味な選挙だった。自民・公明・民主・共産の各会派は「大義のない選挙に対抗馬を立てる必要はない」と早々に〝不戦敗〟を決めていた。

「是々非々で報道してきたつもりだけど、今度ばかりはさすがにあきれましたね。失望した。こんなことでいちいち辞任してたら、何回選挙をやらないといけないのか。選挙を1回やるのに6億円もかかるんですよ」

会見場で会った知り合いのテレビ局記者は、顔をしかめて言った。こうした数々の批判が橋下のいら立ちの原因だった。

「無駄遣いと言うが、選挙のない国では意見対立は命の取り合いになる。そうならないために選挙がある。これは民主主義のコストだ」

「メディアや識者は、対話しろ、議論しろとばかり言うが、この間ずっとやってきた。じゃあ市長をやってみればいい。空論で批判してほしくない」

「議会の他会派も法定協の進め方に反対するなら、対立候補を立てないのはおかしい。そもそも自民・民主・共産は都構想自体に反対なんだから、僕の首を取ればいい」

そう息巻くものの、2時間にわたった会見は、空回りを印象づけるばかりだった。

3月に入り、選挙が告示されても、報道も市民の関心も低調だった。橋下以外に無所属の候補ら3人が立候補したが、投票率は過去最低の23・59％。橋下は37万7472票だったが、次に多かったのが白票を含む無効票の6万7506票。他候補3人の得票合計を上回るほどだった。「無意味な選挙を強行したことへの無言の抗議だ」との指摘もあった。

選挙翌日の3月24日、橋下は「それでも歴代の市長より得票は多い」と、再選の意義を強調。無効票の多さは「僕以外の3人を泡沫候補と勝手に判断して主張を報じず、選択肢を示さなかったメディアの責任だ」と言い、「ほんとうにだらしない。民主主義で最も重要なのは権力を作り上げる過程であって、そこをきちんと監視するのがメディアの役割のすべてじゃないんですか。上司がいらないと言っても、言い返して報じないのか。僕が新聞記者ならそうする」と記者たちに説教でもするようにまくし立てた。選挙のたびにメディア批判と橋下流民主主義の〝講義〟を延々と繰り広げるのが、もはやお決まりになっていた。

橋下の公約通り、法定協では委員長権限で委員の入れ替えが行われ、7月には他会派の委員がすべて欠席する中、5区案の協定書が全会一致で決定された。しかし当然のごとく、10月27日の府市両議会で協定書案は否決。常識的にはこれで大阪都構想の命脈は断たれたはずだった。しかし、思い通りの目が出るまでサイコロを振り続ける橋下流ではそうならない。議案の再提出と専決処分（緊急時に議会を開けない場合などに首長が自らの権限で決めること）をちらつかせ、「都構想住民投票を実施するべきかどうかを問う住民投票」にまで言及した。

首長と議会、二つの「民意」が対立し、折り合えないなら直接投票で決着を付けよう。それが「多数の力」を何よりもたのむ橋下流民主主義だった。

なお、この間の5月には、日本維新の会から石原慎太郎らが離脱し、分党。9月には、結いの党と合流し、「維新の党」が発足。橋下と江田憲司が代表に就いている。

醜悪な罵倒合戦と「テレビの限界」

もう一つ、都構想以外の橋下報道に触れておきたい。10月20日に市役所で行われた「在日特権を許さない市民の会（在特会）」の会長、桜井誠との「意見交換」である。

橋下が、在日コリアンなどへの民族差別を露わにしたヘイトスピーチに初めて本格的に言及したのは2014年の7月。在特会の朝鮮学校に対する街宣を禁じた大阪高裁判決を受けてのことだった。「ちょっとひどすぎる。表現の自由を超えている」「個人のモラルが機能していない場合には公の一定の介入は必要」として庁内に対策の検討を指示したと言い、同時に「デモで騒ぐより、市役所の前でやってもらったらいい」「僕が直接対応するのも一案」と、在特会と面会の意志があることを示した。

確かに醜悪なヘイトスピーチが社会問題化していたが、なぜ急に橋下がそんなことを言い出したのか、狙いがよくわからなかった。というのも、大阪維新の会の人脈をたどっていくと、こうした排外主義的な極右団体と接点を持つ者が少なくないからだ。橋下自身は単純に右・左で色分けできる政治家ではないが、これら「行動する保守」を標榜する市民グループと思想的に近い主張もしている。市政担当の記者たちは、こんなふうに見ていた。

「世間の反応を読む感覚が鋭い人だから、さすがに在特会やヘイト団体と直接関わりを持つのは危ないと避けているでしょうけど、たとえば慰安婦発言や、新しい近現代史の教育施設構想なんかを見ても、思想的に重なる部分はある」

つまり、日本の戦後の歴史教育を「自虐史観」だとする見方のことだ。

「在特会との面会でも『行き過ぎた表現はダメだ』と釘を刺しつつ、主張そのものは否定しないという形で、ヘイトスピーチの加害者・被害者双方にいい顔をしようとするんじゃないですか。要するにパフォーマンス的な意味合いが大きいんでしょう」

ほんとうにヘイトスピーチを問題視しているなら、被害者の声に耳を傾けてもいい。ヘイト団体の標的にされている在日外国人は大阪市内にいくらでもいるのだ。しかし、在特会を提訴している在日コリアン女性、李信恵らの面会要望に対しては「市民局が要望を聞く。僕が出なければいけないことと、そうでないことを分けさせてもらいたい」と拒否している。にもかかわらず、別に面会を求めてもいない在特会会長とは会うという。ヘイト団体を公開の場でやり込めれば自らの影響力を誇示できるが、被害者と会っても何の得にもならない、ということなのかもしれない。

橋下の狙いもさることながら、テレビがこれをどう報じるかに私は関心があった。まさかそのまま流すことはないだろうが、どういう解説を加え、どんな扱いにするのか、と。

だが、驚いたことに在阪各局はほぼそのまま流したのである。橋下が「おまえな」と言えば、桜井が「おまえって言うなよ！」と反発し、さらに橋下が「うるせえ、おまえだよ」と言い返すような不毛極まりない低劣な罵り合いを、である。

そして、ここでも橋下は「民主主義」と「選挙」を持ち出す。

「民主主義なんだから、選挙やって訴えろよ。くだらねえそんな政治団体かなんか知らねえけどな、そんなしょうもないこと言うんじゃなくて、今度の統一地方選挙で、おまえ訴えたらいいじゃないかよ」

「なんかおまえ、勘違いしてるんじゃないのか？　なんか自分で世の中変えられる力を持ってるんじゃないかと思って、勘違いしてるんじゃないのか？　立候補して当選してみろよ。当選してから言え」

桜井が「政治に興味ないんでね」と言えば、橋下は「そしたらいちいち政治的な活動をするな」と返す。最後には「選挙出てからやれよ」と繰り返し、7分で打ち切った。

唖然とした。この団体が何を主張し、これまで何をやってきたのか、どんな経緯と目的でこの面談になったのか。何より、その陰にどれだけの被害者がいるのか。そういったことをほとんど何も伝えないまま、醜悪極まりない「バトル」を興味本位で垂れ流す。そして、「視聴者の判断にゆだねるため、そのまま放送しました」と言い訳のようにキャスターが付け足す。朝日新聞労組のシンポジウムで小田嶋隆が指摘した、逃げ口上としての「客観報道」そのものである。

数日後、知り合いの在阪局プロデューサーから「放送を見ましたか。どう思いましたか」とメールがあった。私は正直なところを書いて送った。

「取材しなければならないのはわかるが、あれをそのまま流すのは絶対なしだと思う。準備期間はあったはずなのだから、事前に在特会に関する取材をして、きちんと解説や批評を加えながら慎重に扱うべきで、あんなふうに垂れ流すのはメディアの責任放棄だと思う」

考えてみれば、私が橋下報道について、ずっと感じてきたことそのままだった。プロデューサーからは「それが今のテレビの限界です」という返信が来た。

醜悪な面談の夜、橋下に面会を拒否された李のツイートを読んだ。フリーのライターである彼女はあの現場におり、面談が始まる前、桜井が報道各社の名を挙げて記者に食ってかかるのを間近で見ていた。

〈マスコミ各社の個々人は、名指しされて怖かっただろうと思う。でも、その怖さは在日朝鮮人やマイノリティがいつも引き受けてる怖さ。おいらなんか日常茶飯事。ターゲットにされた時、誰も助けてくれないことも怖い。次のターゲットを作りださないために、マスコミに何ができるのか考えてほしい〉

彼女は過去に、別件の取材で橋下の囲みに参加したことがある。その時に橋下と番記者たちのいびつな関係をひしひしと感じたという。その経験を踏まえて、ツイートをこう続けた。

〈桜井会長も橋下市長も、その手法はすごく似てる。同調圧力、いじめ、恐怖政治、うまい言葉が見つからない。今日の面談で、マスコミ各社の中の人たちはすごくお行儀が良かった。お行儀が悪かったジャーナリストは、安田浩一さんだけ。ジャーナリストとして正しいのは、安田さんだと思う〉

第3章で紹介した朝日新聞労組のシンポジウムで、安田は「在特会のようなネット右翼は、伝統文化を重視するいわゆる右翼的な思想ではなく、もともとマスコミ批判から始まっている」と指摘していた。マスコミの不当さを訴える材料として、歴史問題や日本の国柄が利用されていったのではないか、と。だとすれば、橋下と在特会は同根とも言える。李が指摘するように、その手法が自然と似通ってきても、なんら不思議はない。

たまたま社会的ポジションが異なるだけの似た者同士が罵り合っているようにしか、私には見えなかった。

第6章　凍りつくメディア

寝耳に水だった公明の寝返り

暗礁に乗り上げた大阪都構想が急転直下、動き始めたのは２０１４年の暮れだった。最初に報じたのは12月26日の読売新聞朝刊。

〈公明 住民投票賛成へ／法定協再開条件に／党本部意向で転換〉

大阪府・市の両議会で否決され、廃案となった大阪都構想に東京の公明党本部が理解を示し、住民投票の実施に賛成する方針を府本部に指示した、という。維新単独で決めた協定書案に反対してきた地元の議員らは寝耳に水だったが、党の決定には逆らえない。

30日に急遽開かれた法定協の模様を報じた毎日新聞は〈公明「寝返り」再始動 法定協議会、維新ペース〉という見出しで、方針転換の舞台裏に創価学会の意向や憲法改正を目指す安倍政権の思惑があった、と踏み込んでいる。

〈「衆院選の結果を見れば、維新とこのまま対立するのは大阪の公明にとってマイナスだ」。今月24日夜、東京・信濃町にある公明の支持母体・創価学会本部に、公明府本部代表の佐藤茂樹衆院議員や大阪府議団、市議団の幹部が呼ばれた。衆院選で維新が府内の比例で第1党の１１４万票を獲得したため、学会幹部が方針転換を促した。維新は近畿比例で前回比2減の8議席と踏みとどまった。一方、与党に追い風の中、公明は前回と同じ4議席と伸び悩んだ。公明の大阪側は「納得いかない」と抵抗したが、押し切られた〉

〈維新関係者は「今回の絵を書いたのは菅義偉官房長官と松井幹事長。憲法改正を見据え、菅氏は維新を離したくないのだろう」と話す。公明党関係者によると、菅氏は学会幹部と「維新が衆院選で一定の議席を取れば、改めて話し合う」と合意し、衆院選後に維新への協力を呼びかけ、自公連立を維持したい公明側も受け入れたという〉

記事にある通り、2週間前の衆院選の結果が直接の引き金になったようだが、橋下は以前からしきりに公明党に揺さぶりをかけていた。理由は「公明の裏切り」だ。12年の前回衆院選の際、都構想に協力してもらう約束で、公明議員のいる大阪・兵庫の選挙区に維新は候補を立てなかったのに、公明が一方的に約束を破棄して法定協で反対に回ったのだ、と。

法定協が行き詰まり、出直し市長選を決意した2月には「宗教の前に人の道がある」と創価学会を激しく批判。「（公明と創価学会の）『常勝関西』の流れを断ち切る。僕は死ぬまで公明の選挙区で立候補することをライフワークにしていく」と宣言した。今回の衆院選が近づいた11月にも、「公明にやられたままで人生終われない。やられたらやり返す」と敵意むき出しで松井と二人揃っての出馬を強く示唆。報道陣に「市長職を投げ出すのか」と問われても、「僕の人生ですから」とはねつけた。こうしたブラフが公明党の譲歩を引き出す要因になった、と言われている。

結果的にいつものパフォーマンスに終わったとはいえ、国政出馬はかなり現実味をおびていた。その場合に備え、市長の後継候補に吉村洋文を指名したのは、この時だったという。「市長就任時に4年間、国政進出は絶対ないと言ったではないか」と問うても空しい。「前提となる状況が変わった」ぐらいのことを言って平然と前言をひるがえしても、「橋下ならやるだろう」となんとなくあきらめ、結果的に許容される空気ができていた。もっぱら私怨を理由に国政進出を語ろうが、市長という公職を「僕の人生」と私物化しようが、「それが橋下流」で許される。むしろ、それが望まれているような雰囲気さえある。

公明の寝返りは、在阪の報道関係者も青天の霹靂だったという。

「びっくりしました。橋下氏は『あらゆる手段を使う』と常々言ってましたけど、ほんとうに何でもやるんだな、さすがの力業だと。菅氏はずいぶん彼の手腕を買っているようだし、後押しする気持ちがあったんでしょう。ただ、日頃は地方分権だ地域主権だと言っていながら、いざとなれば、官邸から手を突っ込んで公明党本部を動かし、地方組織を押さえつけるような、中央集権そのままのやり方をするのは、どうかと思いましたけどね」

と振り返るのは、このニュースをスタジオで伝えた在阪局アナウンサーである。

菅は都構想が再び動き出した15年1月に松井と官邸で会談。「日本の成長のために東京と大阪の二極を作るのは意義がある」と語った。さらに、安倍首相も同じ頃に出演した関西テレビ『FNNスーパーニュースアンカー』で「二重行政をなくし、住民自治を拡大していく意義はある」と発言。「うれしくてしょうがない」と橋下を喜ばせている。都構想の復活は、中央の政局と絡み、大阪の議会の頭越しに決まっていったのである。

別の在阪局の市政担当記者は言う。

「そもそも、東京の人間にとっては都構想なんて一地方の話で、それによって大阪がどうなろうが知ったことじゃないという感じなんでしょう。賛成する政治家や識者やジャーナリストだって、たいして内容に興味があるわけじゃない。ただ『橋下が大阪で何か大きな改革をしようとしている』という程度の認識です。『面白い実験だから、やってみればいい』と無責任に言う学者もいた。大阪は実験の場か、と面白くなかったですね」

その見立てを裏付けるように、一連の都構想報道は東京のキー局からはあまり〝引き〟がない、つまり、ニュースを求められなかったという。

いずれにせよ、これによって大阪の公明党は「住民投票には賛成するが、都構想には反対する」という奇妙な立場を強いられることになったのである。

大阪都構想とは何か

ここであらためて、大阪都構想とは何かを整理しておく。15年2月の府・市両議会での議決を経て、住民投票にかけられた「特別区設置協定書」は次のような概要だった。

大阪市の現行24区を廃止し、北（63万人）、湾岸（34万人）、東（58万人）、南（69万人）、中央（42万人）の5特別区に分割▽各区に公選の区長と区議会（12～23人）を設置▽区役所には現在の市職員を分けて1600人～2600人配置。計10900人を20年後には計9900人に削減▽特別区は身近な行政事務（戸籍、育児支援、高齢者福祉、ごみ収集、小中学校など）を、府は広域行政（都市成長戦略、鉄道・高速道路・

空港・港湾などの交通基盤整備、観光・文化施設、高校や大学など）を担当▽役割分担の明確化により、府と市で重なっていた「二重行政」を解消▽これにより2035年には2762億円の財源が生み出される▽可決されれば、2年後の2017年4月から新体制に移行する――。

これらはあくまで、橋下の意向を受けて府市大都市局がまとめた内容に過ぎない。議論の過程でも、協定書がまとまって以降も、数々の問題が指摘されていた。

区割りの妥当性。各区間の税収の不均衡。府との財源配分。新体制への移行と職員縮減に伴う事務の混乱。公募区長ですら不祥事続出の中、公選区長と区議会の質が保てるのか。東京のように区政と府（都）政が対立したらどうするのか。それに、根拠が不確かで試算が甘すぎる効果額。なにしろ、橋下と松井は当初、「最低でも年間4000億円」と言っていたのだ。それが、法定協や議会の指摘を経てどんどん縮小し、最終的には年間1億円程度と算出されていた。一方、移行のコストはそんなものをはるかに上回り、庁舎建設やシステム改修などで初期費用は600億円、毎年のランニングコストが20億円かかる、とされた。

より根本的な問題として、無駄な二重行政はほんとうに存在するのか。成長戦略と言うが、自治体の形と経済成長の間にどんな相関関係があるのか、などの疑問もあった。そもそも、堺市が不参加を決めた時点で、単なる大阪市廃止・分割構想になっている。これを「都構想」と呼んで喧伝することの是非はどうなのか。「都」を名乗るには特別法を制定したうえで住民投票にかけるか、地方自治法を改正しなければならないのだ。

まさに机上の空論――。橋下が批判者に対して浴びせてきた言葉そのものだと、私には見えた。私だけではない。府下の他市町を含めての再編なら検討の余地があっても、この協定書の内容ではとても賛成できないという意見は多かった。

「できるはずがない。仮にできたとしても効果がない。行政の常識から言えば、ご指摘の通りだと思うんですが、これ（親指を立てて橋下を表した）とその取り巻きは、本気で大阪市解体が正しいことだと思っているようで……」

住民投票の実施が決まった後、市の現役幹部に見通しを聞くと、そう声を潜めた。

「それに、いくら無謀な計画であっても、市民が選択し、やれと言うなら、われわれはやらないといけない。市民生活に影響が出ないよう、なんとか形を整えなくてはいけない。といっても庁舎の場所すら決まっておらず、これから土地を探して取得するという区もある。当面は今の大阪市庁舎をフロアごとに切り分けて、たとえば2階は北区役所、3階は湾岸区役所……といった具合に住み分けるという案も出ています。つまり、特別区なんて言っても、極めてバーチャルなものにしかなり得ないんじゃないか」

これでは何のためにやるのかまったくわからない。橋下の打ち上げる「改革」はしばしば、それによって何を変え、改善するのかという目的が失われ、「現体制を壊す」「自分の主張に従わせる」ことが目的化していく。それでも、メディアが彼の言動やバトルをその都度流すので、実態がどうであれ、「改革のために戦っている」というイメージだけは広まる。都構想はその典型だった。

こうした状況に真っ向から異を唱え、反対論の中心的存在になっていったのが、京都大学大学院工学研究科教授の藤井聡だった。都市社会工学や公共政策論が専門で、安倍政権の内閣官房参与も務める藤井は1月27日、自身のメールマガジン（三橋貴明の「新」日本経済新聞から配信）で「大阪都構想：知っていてほしい7つの事実」と題した一文を発表。ここでは「賛否はさておき、判断材料とするべきいくつかの事実を提供する」というスタンスだったが、都構想の〝不都合な真実〟を指摘したことで、その夜から橋下のツイッター攻撃が始まる。

「バカ学者の典型」「税金で飯を食わせていると思うと腹立たしい」「抜群に地頭が悪い」と連日罵倒し、公開討論を要求するところまではいつもの通りだが、藤井が、自分と近い安倍首相の〝助言役〟であることが気に入らなかったのか、攻撃はさらに執拗に続く。

藤井が約2年前、政治家とのネット上の対談番組で、橋下の弁護士時代の著書を引き合いに、「私利私欲で政治をやっている」「（大阪の道頓堀のように）ヘドロチック」「絶対ツレになったらあかん」などと発言した動画を見つけてきて、「選挙で選ばれた（市長という）立場に対して、批判が度を越している」「この小チンピラだけは、きっちり正していく」と会見で激しく非難を浴びせ、さらには、

「税金が投入されている大学の教授としてどうなのか、京大の総長の見解を質していく。回答次第では国会で取り上げるよう維新の党に指示している」

と、圧力をかけ始めたのである。藤井は「権力者への風刺・批評としての発言だった」などとして、討論を拒否。京大の山極寿一総長からは「職務外の個人の表現活動であり、大学としての見解は控える」旨の回答が届いた。橋下は納得せず、「勘違いしている京大をライフワークとして、しっかり正していく」と、これまたいつものように不満を述べたわけだが、同じ頃、別のところにも藤井に関して圧力をかけていたことが後に発覚する。

藤井がコメンテーターとして出演していた朝日放送（ＡＢＣ）、関西テレビ（ＫＴＶ）をはじめ在阪民

放各局に「藤井を出演させるな」という趣旨の文書を2回にわたって送り付けていたのである。報じたのは3月5日発売の週刊新潮だった。

在阪局への言論封殺「隙があるから」

在阪民放各局への文書は、2月12日と16日、ともに維新の党の松野頼久幹事長名義で出されている。1通目は、統一地方選まで3か月を切り、大阪都構想の是非が最大の争点になるとしたうえで、
〈大阪都構想や大阪維新の会、橋下に対して公然と反対する政治活動を行い、大阪維新の会の公開討論の要請を無視している藤井氏が、各メディアに出演することは、放送法四条における放送の中立・公正に反する。
なぜなら、公開討論をすることによって相互の主張を公にするならともかく、このように大阪維新の会反対、大阪都構想に反対の象徴として位置づけられている藤井氏の存在が広く周知されること自体が、大阪維新の会、大阪都構想について反対している政党および団体を利することになるからである。選挙および住民投票を歪めることのないよう、放送局としての自覚を求める〉
とある。2通目は、藤井がKTVの番組で中立を宣言しながら、反都構想のタウンミーティングに参加しているなどとして、
〈テレビ番組などでは中立を装いながら言動不一致である藤井氏の行動は有権者および住民投票を大きく歪める事になり得ると考え（中略）各放送局におかれましては、再度今後住民投票が終了するまで各報道姿勢にご留意いただきたくお願い申し上げます〉

と重ねて藤井を出演させないよう伝えている。

ここで言及されている放送法第四条には、こうある。

〈放送事業者は、国内放送及び内外放送（以下「国内放送等」という。）の放送番組の編集に当たっては、次の各号の定めるところによらなければならない。

一．公安及び善良な風俗を害しないこと▽二．政治的に公平であること▽三．報道は事実をまげないですること▽四．意見が対立している問題については、できるだけ多くの角度から論点を明らかにすること〉

この第四項に照らせば、藤井が中立であろうがなかろうが、「出演させるな」などという要求が不当であることは明らかだ。これまでの7年間でマスメディアや記者・学者への個人攻撃をどんどんエスカレートさせてきた橋下だが、さすがに特定の人物をメディアに出すなとまでは言わなかった。しかし、都構想批判に神経を尖らせるあまり、最後の一線を越えて、あからさまな言論封殺に出たのである。

しかも、週刊新潮の報道が出た日の囲み取材で、橋下は自分が文書を出すよう指示したことをあっさり認め、こう言い放った。

「（自分のコメンテーター時代は）露骨に政治活動をやっている人がレギュラー番組に出るなんてあり得なかったですけどね。今のプロデューサーとか、おかしくなってるんじゃないですか。だから政治に（出演させるなと）言われる隙を作ってしまうんです。だから圧力とかじゃなくて放送局の隙ですよ」

「反対意見を言う人、どんどん呼べばいい。だけど（統一地方選の）1か月前に、政治の中に足を踏み入れて政治活動をやっている人を中立的なコメンテーターとして出す神経が僕はわかりません。放送局の劣化ですよ、これは」

責任転嫁は橋下の常だが、それにしても驚くべき発言である。「言論の自由・学問の自由は大切」と口では言いながら、それを平然と踏みにじって悪びれる様子もない。

だが、これが効いてしまうのがテレビの現状だった。この時点で藤井が出演していた番組は、KTVの『FNNスーパーニュースアンカー』とABCの『教えて！ニュースライブ　正義のミカタ』。両局とも、さすがに藤井を出さないという判断はしなかったが――露骨な言論介入に屈すると、それはそれで大きな批判を招き、汚点を残すことになるだろう――現場ではさまざまな配慮が働いた、という。

KTVの報道センターでは、藤井が出る日には都構想の話はできるだけ取り上げない、取り上げたとしても藤井に話を振らないようにするという話が出た。一方、ABCの番組は、制作局担当のニュースバラエティーだったが、自分たちでは判断できず、報道局が対応を検討。結果、都構想の話題では、藤井と並べて、賛成派の高橋洋一（嘉悦大学教授）、佐々木信夫（中央大学教授）を出演させた。2人とも橋下の市長特別顧問を務めており（佐々木は2015年3月末で退任）、藤井以上に「政治の中に足を踏み入れて」、賛成の立場で都構想にコミットし、宣伝してきた人物である。

新聞で言うところの両論併記の形をとりあえず整える、あるいは話題そのものを取り上げない、取り上げても深く突っ込まないという形で批判を免れようとする、つまりは「面倒ごとを避けたい」という現場の空気が透けて見える対応だった。

二つの局だけではない。賛成・反対両派をスタジオに呼ぶ討論番組や住民投票当日の開票特番も、視聴者に何をどう伝えるかよりも、各局が互いの動向を横目に見ながら進んでいった。

「最初は開票特番まではやらないと言ってた局が、よそがやると聞いて慌てて準備を始めたりね。結局、自社の判断ではなく、横並びで決まっていくんですよね」

とは、複数の在阪民放局に出演してきたコメンテーターの話である。

同じ横並びなら、なぜ維新の党に各局が足並み揃えて抗議しないのかという話だが――現に、大阪弁護士会の有志100人は同党に対し「マスメディアへの干渉について」と題した抗議文書を出している――そういう発想へは向かわず、とにかく自局にトラブルが及ぶことや他局に遅れを取ることだけを恐れる「事なかれ主義」が幅を利かす。週刊誌に書かれるまで文書の件を明らかにしなかったのも、その表れであろう。

討論番組の「中立公正」な条件とは

「中立公正」とは何なのか。それをどう担保するのか。そもそも、そんなものがほんとうに存在するのか。第3章で触れた問題がここにも存在する。では、これまで何年もの間、橋下にぶら下がってその主張を散々流してきたことはどうなるのか。報道が公正かどうかは、見る立場によっていとも簡単に変わるのではないか。これまで検証してきた橋下の言動を見れば、「自分が気に入らない報道はすべて中立公正に反する」と言っているに等しいではないか。

同じ問題は、都構想をめぐる討論番組でも浮上した。ABCは、4月12日の統一地方選が終わった翌日に、橋下と反対派である自民・民主・共産の市議が討論する番組を企画し、スケジュールも押さえていた。しかし、両者の出してくる条件がぶつかった。

自民は「橋下単独ではなく、維新の市議も出席させ、こちらと同数で議論したい」と局側に申し入れた。賛成派は橋下一人の弁舌が頼りだから、他の議員にしゃべらせれば弱みを突けるという狙いもあったが、公平性の観点から言っても同じ市議の立場にある者が出るべきだし、人数も揃えた方がよい、という主張だった。一方、維新は橋下単独での出演にこだわり、逆に時間配分に注文を付けた。4人の論者が均等にしゃべるのではなく、賛成と反対で同じ時間になるようにせよ、と。人数は1対3だから、橋下は3人分しゃべらせろと要求したのだった。局側は両者の間で調整を試みたが、とても双方の条件が折り合わないと判断し、討論番組自体を取りやめた。他の民放4局はそれぞれ1回ずつ討論番組を放送しているが、橋下は時間配分や進行について「議論のルールがわかってない」と最後まで不満を漏らしていた。

ある局のデスクはため息とともに振り返る。

「結局、何が正解だったのかはわかりません。どんな形を取っても、討論を優勢に進めた側は『公正だった』と言うでしょうし、形勢不利になった側は『不公平だ』と言うでしょう。本来、討論のしつらえなどは局がそれぞれの良識に従い、責任を持って決めるべきものなのに、当事者の言い分に配慮しすぎて変にバランスを取ろうとするから、テレビは自壊していくんだという気もします」

自局のスタンスは、自局の良識と責任に従って決める。政治権力の側から「要望」や「申し入れ」という名の指図を受ける筋合いのものではない。それは討論番組に限らず、日々の都構想や橋下についての報道もそうだろう。だが、どの局の関係者に聞いても、報道がバラエティー化し、業務が細分化され、外部の制作プロダクションから派遣されたディレクターも多い現場で、そうした問題意識は共有されず、議論もほとんど交わされていない。明確な取り決めや申し合わせはなくても、橋下に批判的なコメンテーターには都構想の話を振らないという無意識の自己規制が働くことも十分考えられる。もちろんその逆もある。

「放送法やＢＰＯ（放送倫理・番組向上機構）に縛られているテレビは、中立公正を持ち出されると弱い。何もできなくなる。むしろ、新聞がもっと旗幟鮮明にしてキャンペーンやってくれませんかねえ」

冗談交じりにだが、そんなふうに自嘲する在阪局関係者もいた。

藤井に対する橋下と維新の党の圧力は、京大の文書回答以降も続いた。３月６日にも再度、総長宛てに「大阪維新の会のタウンミーティングに出席するよう藤井に指示せよ」とまるで筋違いな文書を送ったかと思えば、同党の足立康史・衆議院議員が10日の衆院予算委員会、20日の衆院国土交通委員会で計３回にわたり、藤井および関係組織への批判を繰り広げた。文部科学大臣に対しては「京大の使用者責任が問われるのではないか」、総務省の局長には「ＡＢＣは不偏不党・中立公正に反するのではないか」、国交省副大臣や局長には「都構想批判のデマを藤井氏が振りまいており、許し難い。彼の主張は誤りだと認めてほしい」。いずれも思うような答弁を引き出せず空振りに終わっているが、国会にまで持ち込み、なりふり構わず批判を抑え込もうとする姿勢は、橋下とその周辺の人間の唱える「言論と学問の自由」がどのようなものなのか、明確に示していた。

だが、自らを批判する者には徹底して嫌がらせまがいの攻撃をする、橋下言うところの「ライフワーク」は、じわじわと思わぬ効果を上げた。在阪マスメディア、特にテレビが思ったほど都構想を取り上げなくなったのだ。

「普通ならもっといろんな番組で取り上げて議論されてもいいのに、ニュース番組で日々の動きが淡々と報じられるだけ。批判を怖れるメディアが凍りついたようになったせいで、逆に橋下氏の主張が伝わらなかったんじゃないか」

この間、いくつかの在阪民放局に出演したコメンテーターの見立てである。

批判者を徹底的に叩くだけにとどまらず、一線を越えて言論封殺に出たことで、最大限に利用しようとしたテレビという舞台を失い、絶対的な自信を持つ弁舌を活かしきれなかったのだとすれば、皮肉と言うしかない。

108人の学者が寄せた都構想への批判・反対論

一方、反対派は着々と組織を固め、都構想のどこが問題なのか、論拠を積み上げていた。中心となったのは、やはり藤井だった。4月には『大阪都構想が日本を破壊する』を出版し、今回の特別区設置協定書で示された大阪都構想を「論外」と切り捨てた。その理由として、以下のような事実を列挙する。

「大阪市民は、年間2200億円分の『財源』と『権限』を失う」

「2200億円が様々に『流用』され、大阪市民への行政サービスが低下する恐れ」

「特別区の人口比は東京7割、大阪3割だから大阪には東京のような『大都市行政』は困難」

協定書では、新たな特別区（現在の大阪市域）が引き継ぐ一般財源は4分の3だけで、残りの4分の1、金額にして2200億円は府に吸い上げられることになっていた。それがそのまま特別区に還元されればいいが、府内の人口比率で見れば圧倒的に少ないところに予算が振り向けられる可能性は低い。しかも、橋下市政以前から財政状況が改善してきた大阪市と違って、大阪府は6・4兆円もの債務を抱え、地方債の発行を規制される「起債許可団体」である（第2章で詳述した通り、橋下が府知事時代に財政を好転させたというイメージも嘘で、逆に悪化のペースを早めた）。その借金返済に流用される可能性がきわめて高いことを指摘しているのだ。

さらに、藤井はこうも指摘する。

「東京23区には『特別区はダメ、市にしてほしい』という大阪と逆の議論がある」

「東京の繁栄は『都区制度』のおかげでなく、『一極集中』の賜物」

ひと言で言えば、東京の都区制度は自治体として不十分なものであり、それでも栄えているのは企業や人口が集中する首都だから、という話である。大阪の行政の仕組みを東京に似せて変えたからといって東京のように経済発展するはずがない、問題はそんなところにないことはちょっと考えればわかりそうなものだが、堺市長選のところで書いたように、橋下は「金持ち東京みたいになるんです」と主張し続けてきた。東京コンプレックスの強い大阪人につけ込む詐術的弁舌と言っていい。

こうした状況に藤井は警告を発していた。今回の協定書をなんとなく雰囲気で安易に支持すれば、小泉純一郎元首相が熱狂的な支持を受けて断行したものの大失敗に終わった郵政民営化や、民主党政権が「霞が関には10兆円や20兆円の埋蔵金がある」と主張しながら結果的に1・7兆円しか捻出できなかった事業仕分けと同じ結果になるだろう、と。

さらに、藤井らの呼びかけによって108人の研究者たちが所見を発表し、5月5日にはこのうちの一部が出席して記者会見が開かれた。政治学、行政学、財政学、経営学、都市計画や地方自治論から教育、歴史、環境、防災、工学に至るまで、あらゆる専門分野、政治的立場もさまざまな学者から寄せられた批判・反対論は、概要版だけを読んでも壮観だ。

〈自治体政策論の立場で考えれば、今回の大阪都構想はズサンな制度設計案といわざるをえず、その政策意思決定プロセスにおいても『いいことずくめの情報操作』『異論封じ込めの政治』が行われました〉（大矢野修・龍谷大学教授／自治体政策論）

〈市民の疑問を解消し、質の高い市民意思の表明のための条件となるべき住民説明会は、「催眠商法」と揶揄されるほど、賛成誘導に偏した、法の規定にある「わかりやすい説明」とはほど遠い内容のものとなっている〉（柏原誠・大阪経済大学准教授／政治学・地方自治）

〈政治学的に分析するなら、大阪都構想とは、思い付きに過ぎない政策を否定された維新の会が、これを実現するために、権力と財源を府に、そして一人の知事に集中することを目指したものである。これを進めてきた手続きは、行政学・政治学的に考えて適正なものではなかったし、行われた説明は願望とまやかしに基づくものであった〉（木谷晋市・関西大学教授／行政学・政治学）

〈一見、民主的な印象を与える住民投票でカモフラージュしているが、今の大阪市の状況は、手続的にも内容的にも民主主義と地方自治の危機である〉（真山達志・同志社大学教授／行政学）

〈集権的な体制をつくるため、東京府・東京市が廃されて東京都・特別区がつくられた歴史的経緯を忘れるわけにはいかない〉（荒井文昭・首都大学東京教授／教育学）

〈東京都は大規模すぎて、自治の実体を持たない「非自治体」です。だから法律上の「都民」はいても、地方自治の担い手たる「自治体民」はいません。市民・住民のいないところに市民自治・住民自治は存在しません。東京都制はすでに失敗しているのです〉（白藤博行・専修大学教授／行政法）

〈大阪都構想では、大阪市を廃止し、現区役所を出張所に変え、従来型まちづくりの延長であるカジノ誘致、高速道路などのインフラ整備を進めようとしている。このような大阪都構想では大阪の活性化は望めず、破綻への道を歩むことになるだろう〉（中山徹・奈良女子大学教授／都市計画学）

〈漠然としたイメージだけの二重行政批判にもとづいてリストラの発想による商工行政・支援機関の一元化が図られる場合、企業支援の水準が低下する恐れがある〉（本多哲夫・大阪市立大学教授／地域経営論・中小企業論）

〈防災・減災は選挙の票につながらないと素人政治家は判断し、今回の大阪都構想における大阪市の区割りや大阪府との役割分担において、防災・減災は全く考慮されていない〉（河田恵昭・京都大学名誉教授／防災学）

さまざまな角度から大阪都構想の危険性が指摘されていた。財源と権限に基づく「自治」が失われる。「無駄な二重行政」は存在していない。経済発展にはつながらず、中小企業切り捨てが進んで逆に衰退が進む。行政サービスが低下し、住民の生活に支障をきたす。地域の歴史や伝統文化が破壊される。モデルとする東京都制は問題山積である……。

何よりも、橋下と維新の会が虚偽の説明を繰り返してイメージ操作をし、異論を封じ込めてきた手法への批判が強かった。「民主主義」の名を借りて、その民主主義を踏みにじろうとしていることへの危機感が強く表明されていた。

橋下は2月のツイートで〈行財政の専門家からは批判の声がなくなった（中略）文句を言っているのは橋下反対、維新反対の結論ありきの行財政に門外漢のバカ学者〉と豪語していたが、それはこうした声を発する場がなかったからだ。「中立公正」に縛られたマスメディアは、目の前の声の大きい権力者を恐れ、忖度し、これらの意見をほとんど取り上げてこなかった。この学者記者会見も、ほとんどまともに報じられていない。

逆に、賛成論を展開する学者といえば、先述した高橋洋一、佐々木信夫、それに都構想推進で中心的な役割を果たした上山信一といった、新自由主義的価値観に基づく行政組織・公務員憎しの元官僚が少数いるだけで、いずれも大阪市特別顧問を務めた〝身内〟だった。

この数か月後に大きなうねりとなった安保法制論議とまったく同じ構図が、大阪で先んじて起こっていたわけである。だが、これだけの批判が集まっても、橋下はいつものように「実務を知らない学者が批判している」と、反論にもならない主張を繰り返すばかりだった。

京大・藤井聡教授の「100日闘争」

都構想の真実を明らかにし、数々の圧力と闘った自らの言論活動を藤井は「100日闘争」と呼び、私の取材にこう語った。

「メルマガで『7つの事実』を書いた途端、橋下氏の攻撃が始まったんですが、私は彼のやり口を徹底的に研究してましたから、大方は予測通りだった。ただまさか、テレビ局に党幹事長名で文書を堂々と送り付けたり、国会で取り上げたり、そこまで愚かなことをするとは想像できませんでしたが……。だって、言論弾圧をやった政党だと記録に残るんですよ。

100日闘争に当たっては、自分や相手がどの時点で何を言ったか、文章や映像できちんと記録を残し、ブログで順次公開していった。彼は事後的に言動を捏造して、自らに都合のよい主張をしてきますからね。最初は『デマだ』『僕のことが嫌いなだけだ』などと言ってましたけども、こうしてきちんと論拠を示していくと、案の定、どこがデマなのか、まったく反論できなかった。そりゃそうです。彼らは間違った理屈を横車を押して通そうとしてるんですから。私が圧力に屈しないとわかると、そのうち無視を決め込むようになっていきました」

公開討論や維新のタウンミーティングなど、橋下の要求する土俵に乗らず、一つ一つ冷静に事実と論拠を示してゆくという闘い方は、第5章で堺市長の竹山が語ったのと同じである。それに加えて、所属組織の理解と支援も必要になる。

「京大の対応には感謝しています。橋下氏が京大攻撃を始めたことによって、大学へは彼のシンパから連日、かなりの数の抗議電話やメールがあった。その点において私は大学に迷惑をかけたわけだから総長に下駄を預けるしかなかった。だけど、私に対して『何を言ってくれたんだ』とか『面倒を起こすな』と言う人は大学内に一人としていなかった。さすが、滝川事件（昭和初期、滝川幸辰・京大法学部教授の発言を問題視した政府が総長に教授の罷免を要求。拒絶された文部省が休職処分を強行すると、法学部の全教授が辞表を提出するなど学内外に抗議運動が広がった事件）の大学だと思いました。

テレビ局もまっとうな判断をしてくれたと思います。私は最初、新聞記者から圧力文書のことを聞いて局に問い合わせたんですけど、『降板とかそういうことは一切考えてない』という話だった。ただ……」

と、藤井は今のマスメディアに瀰漫《びまん》する空気に苦言を呈する。

「あの圧力文書にメディア側が怒らないことには驚いた。特定の人物を名指しで出演させるなと圧力をかけるなんて前代未聞じゃないですか。私自身の言論の自由への侵害であると同時に、テレビ局の編集権への介入でもあるわけです。あの一件以降に『沖縄の二紙は潰さなあかん』と言った百田発言が大問題になりましたけど、それに匹敵するか、それ以上に重い問題ですよ。なのに、テレビ局は抗議もしないし、これを報じた新聞も少ない。面白がって、藤井と橋下の〝バトル〟だと報じたところはありましたけどね。

後でいろんなメディア関係者に聞くと、『ああ、橋下のいつものやつか』というとらえ方だったようなんです。大阪のメディアはこれまで橋下氏に散々攻撃されて、まるでDV被害者のような『学習性無力感』に陥っているように見える。あまりにも不当なことを続けられると抵抗することをあきらめてしまうんです。知り合いの新聞記者は『結局、僕らはサラリーマンなんですよ』と自嘲していました。なんで会見での〝公開処刑〟や会社で叱られるリスクを冒してまで橋下氏と闘わなあかんのか、と。そういう空気が組織に蔓延している。人間的感情としては、それもわかりますよ。だけど報道に携わる人間なら、サラリーマンであることを越えて、守るべき真実と報道の自由があるはずでしょう」

インタビューの最後、藤井が付け足すように言った言葉が印象深い。

「では、マスメディアの本分を取り戻すために組織を変えよう、抜本的な改革をしようと言っても無理です。そんな方策はない。抜本的改革を求める精神が橋下氏のような存在を生み出したわけで、これは危険でもある。結局は、一人一人が現場で矜持を持って、まじめに務めるしかないんです。私も、自分にできることをできる範囲でやってきた。それが思いがけず、大きな賛同を得たというだけのことなんですから」

――と、ここで収束したかに見えた藤井への圧力問題は、住民投票から5か月後に再燃する。11月の府知事選・市長選に絡み、大阪維新の会は、藤井がレギュラー出演するABCの番組『おはようコールABC』が政治的公平を定めた放送法に違反するとして、BPOに申し立てを行なったのである。同番組で使用するフリップを自民党候補に有利になるよう書き換えさせたとする藤井のメールを入手した、というのがその理由だった。維新は藤井のメールを添付し、さらに『教えて！NEWSライブ　正義のミカタ』（ABC）、『ゆうがたLIVE　ワンダー』（KTV）の2番組を挙げたうえで、こう主張している。

〈藤井氏の言論が保障されることはもちろんだが、別添1（注・藤井のメール）を基に社会通念に照らせば、藤井氏が出演する番組が、特定の候補者や特定の政治団体を利すること、または特定の候補者や特定の団体を不利にすることに利用されていると推認せざるを得ない〉

藤井本人やABC関係者への取材を総合すると、経緯はこうだ。当初、メールの存在を維新の府議から知らされ、「善処」を求められたABCは、メールの真偽を藤井に確認のうえで、当面出演を見合わせる（当該の『おはようコール』は事実上の降板）ことで事態収束を図った。つまり、内々で手打ちをした。が、維新はこれを破って、抜き打ち的にBPOに提訴したのだという。

確かに藤井は、都構想反対派の筆頭であり、自民党支持者であることは明らかだ。柳本顕、栗原貴子という同党の選挙候補者に宛てたメールで、フリップ制作過程に関わったことを報告し、維新への対抗の仕方を助言していた。コメンテーターという立場と選挙が迫った時期を考えれば、脇が甘かったと言わざるを得ない。だが、出演者個人が政治的に何の考えも持たず、完全に「中立公正」などということはあり得ない。それを問題視するなら、読売テレビの番組などで、司会者の立場にありながら、あからさまに橋下維新支持の発言（誤報すら含む）を繰り返している辛坊治郎などはどうなるのか、という話にもなる。維新の中立書もその点を気にしたのだろう、「藤井氏の言論は自由」と繰り返し書いている。

問題は、藤井の意向によって番組全体あるいは局の姿勢が著しく自民有利・維新不利に傾いたかどうかだが、この点についてABC関係者は「問題はなかった」と見ている。であれば、今回の対応は無用な〝取り引き〟だった。要は、維新側からの執拗なクレームに屈して、面倒を避けようとした結果、BPOに申し立てられるという事態まで招いてしまったわけだ。ABCは、前回のダブル選に絡む報道で、2013年10月にBPOから勧告を受けている（この時は、維新側の言い分に乗った報道が問題視された）。その痛恨の記憶が背景にあったのかもしれない。

なお、藤井は「私信メールの不正入手であり、監視社会そのもの」と声明を出している。

効果額の目くらましと「詐欺パネル」

住民投票が約1週間後に迫った5月9、10日の週末、在阪民放5局で「橋下徹のラストメッセージ」と称する大阪維新の会のCMが流れた。青空をバックに「CHANGE OSAKA! 5・17」と書いた白いTシャツ姿の橋下が、晴れ晴れした表情でこう語りかける。

「いよいよ住民投票が近づいてきました。いやあ、ほんっとにここまで長かった。まあ振り返ってみても、山あり谷あり、地獄あり。まあそれでも、ここまで来れたのはただ一つ、とにかく大阪を良くしたい。その思い、それだけでここまでやってきました。

大阪にはいろんな問題があります。二重行政の無駄。税金の無駄遣い。改革が進まない。市長と住民が遠すぎる。このまま放っておいては、今の大阪の問題、何も解決しません。

大阪都構想で大阪の問題を解決して、子供たちや孫たちに素晴らしい大阪を引き渡していきたい。ただその思いだけです。大阪を変えれるのは、このワンチャンスだけ。ぜひ、住民投票で新しい大阪を作っていきましょう。よろしくお願いします」

なんのことはない、従来の漠然たる主張の繰り返しで、「ラストメッセージ」などともったいぶる内容は何もない。自らの強権的手法とずさんな協定書が招いた異論・反対を「山あり谷あり」と、さも障害を乗り越えてきたかのように語る一方、これまでなされてきた数々の批判や疑問はすべて無視。「改革」の響きにくるんで甘い夢を振りまき、それを手にするには「ワンチャンスだけ」と性急な判断を迫る。まるで詐欺商法のようなやり口である。

維新はこうした宣伝費に4億円以上もつぎ込んだと言われている。全国から議員やスタッフを総動員し、なりふり構わぬ大運動を展開した。録音テープで橋下が賛成投票を呼びかける無差別電話作戦には、市民から戸惑いと不快の声が上がった。政党の宣伝などそんなものと言えばそれまでかもしれないが、学者たちが指摘したように、橋下は大阪市長という公職の立場でも、こうした誇大説明や目くらましを一貫して続けてきたのだ。

繰り返すが、橋下と松井は当初、都構想の行革効果は「最低でも年間４０００億円」とぶち上げていた。それが特別区設置協定書案では、９７６億〜７３６億円に減少。ところがこれも、橋下が府市大都市局の職員に「もっとしっかり効果額を積み上げてほしい」「数字は見せ方次第でなんとでもなる」と指示して、市営地下鉄やゴミ収集の民営化、市民サービスの廃止を含む市政改革プランなど、都構想には何の関係もないものを盛り込んだ粉飾だったことが指摘され、最終的には「年間1億円」に落ち着いている。最初の４０００分の1だ。

それを軽く上回る移行経費６００億円とランニングコスト年間20億円がかかることも先述の通りである。これは「無駄な二重行政」がほとんど存在していないこと、市の解体で「無駄を省く」どころか、赤字が膨らむ一方になることを示している。

当初は「行政コストの削減こそ都構想のすべてと言っても過言ではない」と誇っていた橋下は、粉飾の指摘が相次ぐと、「僕の価値観は財政効果に置いていない」と手のひらを返し、議会や記者の追及にも「議論してもしかたない」「多様な算出方法がある」と逃げてきた。ところが住民投票が決まり、市主催の住民説明会が始まると、今度は「17年間で２７６２億円」という額を口にし始めた。

いちおう市の試算に基づく「長期財政推計」だが、毎年２％前後の経済成長が続き、市税収入が毎年度100億円以上増え続けるという現実離れした希望的観測に過ぎない。しかし、住民向けのパンフレットではそのことには触れず、「特別区の財政運営は十分可能です」と太字で強調。さんざん〝夢物語〟を繰り広げた挙げ句、ページの末尾に「粗い試算であり、相当の幅をもって見る必要があります」と申し訳程度に添えてある。「数字は見せ方次第」とは、要するに目くらましのことなのであろう。

さらに、街頭演説や住民説明会で使用された説明図は、橋下の実績を誇張するようにさまざまな手が加えられていた。有効求人倍率のパネルでは、グラフの目盛を細工して伸び率を大きく見せたうえ、伸び率が大阪を上回る都県を比較対象から外す。府と市の借金の推移を表したグラフでは、前任者たちの実績と比較できないようその部分のデータを隠したり、先端部分だけを切り取って、さも橋下が劇的に改善したかのように見せかけたり。これに気づいた反対派市民の間では「詐欺パネル」と揶揄されるほどだった。

このあたりは「新潮45」5月号で住民説明会をルポした適菜収が詳しく書いている。それによれば、橋下は効果額を「無限」と言っていたという。「二重行政をやめて、税金の無駄遣いをやめれば、大阪市には税金が入ってくるんですから。だから使えるお金は無限」と。ここまでくれば、もはや試算も論理もあったものではない。

漠然とした「改革」イメージで市民を騙し、言いくるめようとするようなやり方に加担させられる大阪市職員はたまったものではないだろう。しかし、箝口令で縛られた職員たちは声を上げることもできないでいた。住民投票へ向けた運動が激しく展開されている頃、旧知の元市役所幹部に会いに行くと、苦々しい表情でこんな話をしていた。

「現役の職員たちはみんな、『市民を騙す片棒を担がされるのはつらい』と泣いてますよ。でも声を上げられない。橋下市政になって以来、庁内は相互監視とチクリが横行しているんです。たとえば、維新以外の市会議員に呼ばれて議員控室へ政策の説明に行き、席に戻ると電話が鳴る。相手は番号非通知です。出ると、『また自民党へ行ってましたね。何を話してきたんですか』とだけ言って切れる。見てるぞ、という心理的圧力です。みんな疑心暗鬼になってるから、私のところへ来る人間も減ってきましたよ」

現役の市幹部に橋下や維新の虚偽説明をどう思うか尋ねると、

「彼らは都構想が正しいと本気で信じているから、その目的達成のためにはどんな虚偽説明や詐欺的手法を駆使しても許されると考えているふしがある。目的のためには手段を選ばず、というわけです」

と、ため息をつき、住民説明会の模様をこう語った。

「住民説明会では本来、制度のメリット・デメリットをきちんと説明して判断材料にしてもらわないといけないのに、職員からの制度説明は最初の10分程度。あとは市長が『なぜ都構想が必要か』と、入口論のところで延々と自分の主張をまくし立てる。質疑の時間もほとんどなし。ひと通り終わって『都構想についてまだよくわからない人』と聞けば、結構な数の手が上がるのに、最後はなんとなく賛同の拍手が起こって終わり。維新関係者の動員がすごいので、どうしてもそういう雰囲気になってしまう、と職員が嘆いていています」

根拠のない話で煽り、冷静な判断力や考える時間を奪って賛成へ誘導するやり方は、まさに催眠商法や悪質な新興宗教のセミナーと同じではないか。

著書に記した詭弁術そのままに

こうした詐欺まがいの弁論術の〝極意〟を説いた、一部では有名な本がある。橋下が「茶髪の弁護士」時代に書いた『最後に思わずYESと言わせる最強の交渉術』『図説 心理戦で絶対負けない交渉術』の2冊。詭弁、すり替え、前言撤回、責任転嫁などを〝交渉術〟として得々と披瀝する内容は、よくこんな本を堂々と出したものだと感心するほど悪辣な記述に満ちているのだが、もう10年以上前から完成されていた彼のやり口を知るうえで興味深い。

たとえば、橋下は「人を動かすには三通りの方法しかない」として、合法的に脅す、利益を与える、ひたすらお願いする、の三つを挙げたうえでこう説く。

〈そのなかでも、最も有効なのが〝利益を与える〟である。この場合の利益には二通りある。一つは文字通り相手方の利益。もう一つは、実際には存在しないレトリックによる利益だ。言い換えれば、不利益を回避できることによって生じる〝実在しない利益〟と言える〉

橋下がよく使うので有名な「仮想の利益」の解説だが、「大阪都構想が実現しないと大阪はダメになる」と、それこそ「合法的に脅し」ながら、「実在しない利益」を強調するのは、まさにこれであろう。

また、「交渉をまとめる基本は二者択一の姿勢」という項目は、大阪の抱える複雑な状況を制度の問題に単純化してすり替え、賛成か反対かを迫る今回の住民投票をそのまま表しているかのようだ。

「相手に考える間を与えないテクニック」の項目は、先述した住民説明会のやり方そのものだ。

〈相手方が、「お話はよくわかった。もう少し考えてみたいので、結論は来週まで待ってもらえないだろうか」などと言ってくるのも常套手段である。この場合も、絶対持ち帰らせてはいけない。その場で決断してもらう。持ち帰られると、こちらに不利な展開となることは必至だ。（中略）交渉には勢いが必要である。相手が揺らぎ出したら、考える時間を与えず、一気に結論までもっていくように努力すべきなのだ〉

さらに、「感情的な議論をふっかけて交渉の流れを変える」の項目。自分の発言の不当性や矛盾に気づいてもポーカーフェイスで通し、知らないふりを決め込むべしと言ったうえで、こう書く。

〈こんなとき私がよく使うテクニックがある。相手方に無益で感情的な論争をわざとふっかけるのだ。いよいよ攻め込まれて、自分の主張が通らないというようなときには法外な要求をして、場を混乱させる。（中略）さんざん話し合いを荒らしまくっておいて、最後の決めゼリフにもっていく。「こんな無益な議論はもうやめましょうよ。こんなことやっても先に進みませんから」。自分が悪いのに、こう言って終わらせてしまうのだ〉

これなどは、都構想の効果額をめぐる議会や記者とのやり取りそのものである。

私はかつて、現代ビジネスで橋下の言論術を検証する記事を書き、これとまったく同じパターンに触れたことがある。府知事時代、都構想を言い始めた直後のことである。

〈……例えば２０１０年4月28日の記者会見。

「大阪市が抱えているあの莫大な借金を消していくような案、これを今一生懸命考えているんです。本当は僕がやる必要ないんだけども、これは政務の話になってしまうのかもわからないですが、幾らでもあるんですよ、地下鉄の民営化を含めてね。これは（関西経済）同友会が大阪市の持っている資産は何兆円というのを出しています。（中略）大阪市改革というものを、これは政務レベルですけれども、とことんやりますよ。（中略）本気でやったらすぐできますよ。これは自信ありますけどもね。水道の事業の統合も含めてね」

大阪市側からすれば完全な越権であり、「都構想の狙いは結局、市の資産や財源を取り込むことにあるのではないか」という疑念を抱かせる発言である。平松市長はこの2日後の記者会見で反論。市の借金は減り、逆に府は増えていることをデータで示したうえ、「いま府の特別顧問をされている上山（信一）教授が『大阪市の改革は止まった』とおっしゃっていて、その言葉だけが独り歩きしている」と不快感を表した。

上山は、平松の前任の關淳一市長時代に顧問に招かれ、市政改革を担当した元投資コンサルタントの慶応大教授。關が平松に選挙で敗れた後は橋下のブレーンとなり、市の資産売却などをしきりに訴えている。

平松の反論に対し、橋下は府のＨＰに例の〝臨財債の論理〟を掲載、さらに「府と市は役割や税収構造が違っており、借金を単に総額だけ並べて比較することには全く意味がない」と主張した。しかしその後も府財政の悪さを指摘されることが多くなると、7月には再度、府市の借金残高に関する見解をＨＰに掲載した。その最後は、こんなふうに書かれている。

「この間、大阪府と大阪市の借金残高の問題について、いろいろ議論してきましたが、府も市も多額の借金を抱えているのは事実です。ただ、それを互いに批判し合っても府民・市民はシラケてしまうでしょう。それよりも、府と市、広域自治体と基礎自治体の役割分担を明確にし、効率的な行政運営に努め、将来に向けて、大阪全体の借金をどうやって減らしていくかということを考えていくことの方が重要です。平松大阪市長とも、そういった前向きな議論ができればと思っています」

自分のほうから市財政をあげつらって〝口撃〟を始めておきながら、風向きが悪くなると、「批判合戦は無益」と言い出したのである〉

こうして見ると、橋下の本質は当初から何も変わっていない。むしろ、妙に感心してしまうほど一貫している。それを見抜けず、彼の威勢のいい断言や「改革」という看板に引きずられて、持て囃してきたのは、やはりメディアの責任と言うしかない。

住民投票――メディアは「賛成多数で可決」を見込んでいた

5月17日。午後8時で締め切られた大阪都構想住民投票（正式には「特別区設置住民投票」）は1時間後に開票が始まった。新聞・テレビ各社は投票前に世論調査を繰り返し、当日も出口調査、社によっては票の山読みなど、通常の選挙とほぼ同じ態勢を取ったが、票読みは割れ、なかなか結果が読めなかった。それほど賛否が拮抗していた。

複数の在阪テレビ局関係者に私が聞いた限りでは、「賛成多数で可決」と見るところが多かったようだ。期日前投票や当日の午後早い段階では「反対がやや優勢」と見られていたが、橋下が夕方6時台にこんなツイートをして、ハッパをかけたのが効いたのかもしれない。

〈当初はかなり劣勢でしたが、もう少しのところまで来ました。でもまだ負けです。2時間で逆転も可能です。それには大阪市民の方の賛成票がどうしても必要です。大阪の未来を決します。どうかあなたの一票を、賛成に投じて下さい。都構想を応援して下さっている方、このツイート、ガンガン拡散して下さい〉

投票が締め切られる頃、各局の報道フロアでは「これは（賛成が）行ったな」と声が上がり、可決の予定稿に手を加え始める記者もいた。開票後の会見を待つ中之島のリーガロイヤルホテルでは、報道陣が固唾をのんで速報を見守り、「しびれるわー」と声が漏れた。

ＮＨＫが「反対多数確実『大阪都』実現せず　大阪市存続」の速報を打ったのは午後10時33分。開票率81％を示す画面では、賛成57万１３９５票、反対56万５０９３票と、まだ賛成が約６３００票上回っていた。どよめきが起こり、「えーっ、なんでや」「ほんまなんか」と戸惑う声があちこちで上がった。最終確定は、賛成69万４８４４票、反対70万５５８５票。わずか１万７４１票、得票率にして０・８ポイント差。投票率は66・83％だった。

ＮＨＫの速報から約40分後、午後11時10分に会見場に現れた橋下は、松井と並んで席に着き、不自然なまでの笑顔とさばさばした口調で語り始めた。

「大阪市民のみなさん、重要な意思表示をしていただきましてありがとうございます。大変重く受け止めます。僕が提案した大阪都構想、市民のみなさまに受け入れられなかったということで、やっぱり間違ってたということになるのでしょうね。

本当によくいろいろなことを考えていただいて、かなり悩まれたと思いますし、非常に重い重い判断をされたと思いますけども、日本の民主主義を相当レベルアップしたかと思います。大阪市民のみなさんがおそらく全国で一番政治や行政に精通されている市民ではないかと思っています」

選挙後の会見で定番となった橋下流民主主義〝講義〟の、この日は集大成だった。違ったのは、この会見が実質的な橋下の政界引退会見となったことだ。

「住民投票に敗れれば政治家を辞める」と、これまで何度も語ってきた（隣にいる松井もだが）。それゆえ、7年あまりの自分の政治家人生を振り返り、「思う存分やりきった」「最高の終わり方」「政治家冥利に尽きる」と情緒的な言葉が目立った。また、これまで散々罵倒してきたメディアに向ける言葉もいくらか和らぎ、叱咤激励調になっていた。まるで、都構想の終わりとともに、メディアとの対立関係もノーサイドだと肩を組んでくるかのように。その姿に「負けてさわやか」「潔さに好感」「これが本来の橋下氏」などと評価する声も多々あった。

私は、結果が判明次第、あるＷｅｂメディアに原稿を書くことになっていたためテレビで見ていたが、まったくそうは見えなかった。笑顔の仮面を貼り付けて、必死で「次」へ向けたイメージを取り繕っているように見えた。曲がりなりにも住民投票をやり遂げ、一定の達成感があったのは確かだろう。けれども、だからと言って、潔く敗北を認め、公約通り去っていくような人物ではないことは、これまで見てきた経験から確信していた。

そして、それ以上に違和感を覚えたのは、マスメディアの姿勢だった。記者たちは明らかに計算ずくのパフォーマンスにやすやすと乗せられ、都構想の総括がなされるはずの会見を、まるで国民的アスリートの引退発表のような花道に変えてしまった。この7年あまり、大阪を混乱させ、分断してきた橋下とメディアの関係をまざまざと見せつけられた気がした。

「ノーサイド会見」に見えた橋下とメディアの身内意識

この住民投票は、あくまで橋下が提唱し、強引に推し進めてきた都構想、いや大阪市の廃止・分割構想の是非を問うものだった。であれば、本来はその中身や経緯について、投票結果を受けてあらためて質し、なぜ反対されたのか、まずは総括させるべきであろう。橋下自身がたびたび変転させた狙いや効果、特別区設置協定書のお粗末さ、説明会やパンフレットで広めた虚偽やごまかし、住民投票に至るまでの強引かつ不透明な経緯。材料はいくらでもある。そうした手法や詐術的弁舌に胡散臭さや不安を感じて反対票を投じた市民も多いのだ。

投票前は「中立公正」に配慮して踏み込めなかったとしても、結果が出た後なら、遠慮なく聞くべきだろう。ところが、記者たちはほとんどそこに突っ込むことなく、敗因については「僕自身に対する批判と、僕自身の力不足」の一言で納得してしまった。そして、早々と橋下の進退問題に話の焦点を移してしまったのである。

しかも、記者のほとんどが「橋下市長、松井知事、お疲れさまでした」と、上司か身内でも労うような言葉から質問に入り――いつからそんな「作法」ができたのか、思わずわが耳を疑った――まるで「やめないでほしい」とすがるようなニュアンスを言外に漂わせていた。

象徴的だったのは、府知事時代に橋下担当の記者だった『情報ライブ ミヤネ屋』（読売テレビ）のプロデューサー兼アナウンサー、野村明大である。

「70万人の方が都構想に賛成し、政治家として大阪のため、日本のためにまだまだ頑張ってほしいと賛成票を投じた。その数を見ても気持ちに変化はありませんか」

「（引退）発言を覆してほしいと思っている有権者も多いと思うが、ほんとうに（続投や再出馬は）100％ないんでしょうか」

この質問に対して橋下が余裕綽々で返したように、彼には「2万%出ない」と言いながら、あっさりひるがえした過去がある。記者としてはしつこく念を押し、政界引退の言質を取っておくことは必要であろう。そこまではわかるが、質問の仕方に「やめないで」という本心がにじみ出てしまっている。さらに続いた質問で、それは露呈してしまう。

「12月（の任期満了時）になって、あるいは10年後20年後の将来、大阪や日本の情勢が大きく変わっていた場合、もう一度政治家に（なる）という可能性はあると期待していいんでしょうか」

長く橋下を担当し、本人がブログで誇らしげに書いたように、「対等にやり合って橋下に認められた」という身内意識が言わせたのだろうか、「期待」という本音が出てしまったわけだ。

そこまで露骨でなくても、他の記者たちも似たり寄ったりである。

「安倍総理のようにリベンジ（再登板のことだろう）はないのか」

「テレビコメンテーターとして引っ張りだこだと思うが、どうするのか」

「（関係の深い）故・やしきたかじんさんや島田紳助さんに何を伝えたいか」

「市長ではなく、橋下徹個人としてメッセージを」

これはいったい何のための会見なのか……と呆れるのはいつものことだが、これらほとんど「ラブコール」と言っていいほどのアシストを数々得て、橋下はますます笑顔になり、弁舌はどんどん滑らかになっていった。

「これだけのたいそうなケンカを仕掛けて、負けたのに命取られないっていう、ほんとうに日本は素晴らしい政治体制だなって思いますね。僕はまたこのまま生きて、別の人生を歩めるわけですから、この民主主義っていうルールは是が非でも守らないといけないですね。そのためにはやっぱり報道ですよ。メディアのみなさん、本当に報道の自由は絶対に必要で、僕もやいのやいのメディアには言っているけど、この報道の自由っていうのが民主主義を支える根幹ですから。メディアのみなさんにも頑張ってもらいたいし、本当に民主主義は素晴らしい政治体制だなって思いますね」

テレビ局に圧力文書を送ったことを棚に上げて報道の自由の重要性を説く一方で、「テレビ局はディベートのルールがわかっていない。都構想の討論番組で賛成・反対の時間配分がおかしかった」と、いつものように批判することも忘れなかった。

「僕みたいな政治家は、ワンポイントリリーフです。嫌われてもやることをやるんだっていう政治家は、課題が出てきた時にそこを解決する。僕はある意味、実務家だと思っていて、政治家というのは原理原則は嫌われちゃいけないわけでね。

権力なんてものは使い捨てが一番いいんですよ。それがもう健全な民主主義です。僕みたいな敵を作る政治家が、ずっと長く政治をやるなんていうのは世の中にとって害悪です。

でも8年間、僕みたいなスタイルでやらせてもらっているんですから、ある意味、日本の世の中というか、大阪もちょっと問題抱えてたのかもしれませんよ。まあ、8年前は僕みたいな政治家が必要だったのかもわかりません。でも今はそうではないということなので、きっちりと好かれる、嫌われない政治家が政治をやるべきだと思います」

自分が大阪の政治に関わった間に、大阪がよくなったとさりげなく〝実績〟をアピールしているのだろうが、そんな事実はない。大阪府の借金は増え続け、府外への企業流出は2014年までの10年間で901社の転出超過と止まらない。公務員や教員の志願者は減り続け、教育現場の荒廃が指摘されている。一方で、生活保護率は2000年以降、全国平均の2倍という差が埋まらないまま上昇を続け、非正規労働者の割合も全国平均を大きく上回る。むしろ、都構想という無謀な政策に拘泥し、政争に明け暮れていたせいで、市民生活が顧みられなかった7年あまりと言っていい。

だが、そんな質問は一つも出ない。時間にして約2時間。都構想という彼の最重要課題であり、政治的原点が否定されてもなお、記者たちは彼を持ち上げ、好き放題に語らせるばかりだった。

そんな会見の雰囲気にも影響されたのだろう、ネット上では「さわやかな笑顔」「潔く負けを認めたのは立派」という反応が目立った。そればかりか、「否決は、既得権益を守りたい高齢者が大挙して反対票を投じたせい」という粗雑な〝分析〟による「シルバーデモクラシー」批判が巻き起こった。

翌朝の読売テレビ『朝生ワイドす・またん！』では、これまでも露骨に橋下に肩入れしてきたキャスターの辛坊治郎が「解説」と称して、出口調査だけを論拠に

「今回、圧倒的にこの結果をもたらしたのはこの層、70歳以上ですから」

「西成区なんかは生活保護が極めて多いところで……弱者と見られる人が多いところは反対が多数になったと」

「大阪市の職員だって大阪市民だから。ね。お前ら投票するなって」

などと、高齢者、生活保護受給者、大阪市職員という「既得権益」への批判というより、腹いせの発言を展開してみせたのだった。

なぜ「橋下礼賛」VTRができてしまうのか

開票当夜や翌日には、各局とも橋下が政治家になって7年半の歩みをVTRで振り返っていた。どれも府知事就任直後の「ぼったくりバー」発言や「クソ教育委員会」発言に始まり、都構想が劣勢の中、懸命に街頭で訴える最近の演説まで、あたかも「既得権益と抵抗勢力にたった一人で立ち向かった改革者」のようなイメージの、安っぽい感動物語に仕立てていた。

第5章に書いた市長就任2年の番組もそうだったが、なぜ政策を検証するのではなく、個人のキャラクターだけに焦点を絞ったプロモーションビデオのようになるのか。そう尋ねた私に、都構想を批判的に見ていた在阪局のディレクターは苦々しく言った。

「結局、テレビの人間はみんな橋下氏が好きなんですよ。やめてほしくないんです。テレビ局の社員というのは一般に、自分の能力で競争を勝ち抜いてきたという〝勝ち組〟意識が強いので、生活困窮者や社会的弱者に対して『自己責任だ』『努力が足りない』と切り捨て、大企業優遇・資本の論理重視の新自由主義的思想を持つ橋下氏的な考えと、もともと共振性が高いんです。だから、彼の主張や言動に疑問を持ちにくく、『彼の言うのももっともだ』と説得されてしまうというのがまずある。

そのうえ視聴率競争に追われていると、とりあえず数字が取れる橋下ネタはおいしいし、うまくいけば単独出演にも応じてくれる。だから嫌われたくない。記者個人としても会見で彼にやり込められるのは怖い。そうすると、できるだけ無難に、トラブルを起こさないように……という姿勢になっていきますよね。また、そうして求められたことだけを大過なくこなせる人間が局内で評価されるという組織の問題もある。『都構想っておかしくないか』『橋下のやり方ってどうなんや』みたいな議論なんて、局内ではまったくありませんでした。ほんとうに問題だと思っている人間なんて、ごく少数でしょう」

なるほど、よくわかる。テレビ制作に関わるさまざまな人びとの話を聞いて回っていると、そういう話がいくつも出てくる。いくら都構想の破綻が指摘されても、「理論的には合っている」と評価する府政キャップ。日々行動を追いかけるうちに、「彼は口は悪いけど、よく勉強していてすごい」と心酔を隠さないディレクター。「批判ばかりではなく対案を出すべきだ」と橋下の言い分をなぞるように主張する若手記者。テレビにとって、橋下は取材対象であると同時に、コンテンツという「商品」であり、気脈を通じた「仲間」でもあるわけだ。

ディレクターの話は続く。

「報道では都構想を表立って支持することはできないけど、心情的には共鳴している。だから橋下氏をヒーローのように扱う一方で、反対派は、自民から共産までが手を組んだ顔の見えない既成政党の集団みたいな見せ方になってるでしょう。ほんとうは、学者や地域のさまざまな団体もこぞって反対し、若い子たちがボランティアでビラを配ったりしていた。そういうことが全部なかったことになっている。

橋下氏への共感に加えて、記者の能力の問題もあります。たいして取材経験もない入社5年前後の人間がとりあえず橋下氏を追いかけ、その素材をセオリー通りにつなぐだけだから、あんなVTRばかりになるんです。若いから地域とのつながりもないし、市民の生活実感もわからない。反対派の人たちがなぜ反対するのか理解できないんです。地域振興会（自治会）や高齢者が『既得権益』だと橋下氏に言われれば素直に信じてしまう。上の人間がチェックすると言っても、大きな間違いがないかというぐらいのことですからね」

なんとなく想像してはいたことだが、ここまではっきり言われると暗澹となる。これではまともな批判や論評など望むべくもない。

別の局のデスクは、構造的な問題を指摘する。

「ドキュメンタリーのような大作は別として、日々の番組に挿入する数分間のVTRはだいたい外部のプロダクションから派遣で来ているディレクターが作ります。彼らは、映像制作のプロです。膨大な取材テープの中から一つのストーリーを作り、効果的な音を入れ、テロップを付け、きれいにオチを付けてまとめることが仕事になっている。そうすると結局、ヒューマン・ストーリーのように作ってしまうのが一番手っ取り早いんですね。

彼らは職人ですから、権力を監視するとか、政策を検証するといった発想はなく、とにかく視聴者を引きつけて飽きられない映像を作ることだけを考える。

橋下氏の政策を検証すると言っても、脱原発は途中で方針転換した、水道の統合や地下鉄の民営化も頓挫した、公募区長や校長はうまく行ってない、公務員の締め付けは違法だったと次々判決が出ている……その他にもいつのまにか言わなくなったり、中途半端なまま終わったりしたことが多いです。そういうものを並べてもオチがつかない。『結局、このVTRで何が言いたいんだ?』という内容になってしまう。時間も限られた中で、起伏を付けたわかりやすいストーリーを作ろうと思えば、橋下氏という得難いキャラクターを前面に出す属人的な内容にどうしてもなってしまうんです」

テレビだけの問題ではなく、「政治報道ではなく政局報道になっている」とよく批判される新聞にも通じる話かもしれない。

第1章で「報道のバラエティー化」「バラエティーの報道化」の話をした。その背景にあるのは、できるだけ手間と時間をかけず、すでにある素材で効率よく放送時間を埋める、そして視聴者の「身内意識」に応えるという経営戦略上の、いわば資本の論理だった。報道機関である以上、不可欠な批判・批評精神、政治家の発言・政策の検証、単純に白黒割り切れない問題は、批判や軋轢を招き、迷いを生じさせ、議論と考察が必要になる。時間がかかる。記者やディレクターの手が取られる。そんな非効率で面倒なことは、できれば避けたい——。

そういう空気がいつしか生まれ、テレビの土壌を報道機関から権力の広報機関へと変えてしまったのではないか。橋下は、そんなテレビの内情をよく理解している。どれだけ罵倒しようとも、テレビがすり寄って来ることを知っている。

稀代の「テレビ政治家」は、そうして生まれてきたのではなかったか。

結局のところ、彼は大阪に何を残したのか。混乱と不毛な対立だけではなかったのか。

そんな問いを突きつけられることもないまま、彼はまたツイッターで政治を語り始め、新党を立ち上げ、葬り去られたはずの都構想を再び持ち出して、意気揚々と「次」へのチャンスをうかがっている。

言論と民主主義を劣化させた罪

都構想住民投票の前夜、すっかり日の落ちた大阪・難波の駅前で、橋下はこの日最後の演説をした。住民投票は当日まで運動できたから「最後のお願い」ではない。だが、7年半前の府知事選で同じ場所に立ち、第一声を上げてからの歩みを一つ一つ振り返る、事実上の締め括り演説だった。橋下はいつになく穏やかな口調で、切々と語りかけるように、政治家として何を目指してきたのかを訴えた。

「納税者の税金はね、納税者のために使うのが当たり前。日本の政治は納税者をなめすぎ。特定の団体、特定の有力者、特定の業界団体。そんなところから票をもらって、見返りにいろんな補助金を打つ。そんな政治はね、ほんっとに腐ってると思いますよ」

「納税者のみなさん。明日5月17日。大阪都構想の実現だけでなく、みなさんの税金を貪り食ってる連中を一回叩き潰して税金をみなさんの手に取り戻す、そのスタートを切っていきたいと思います。僕は、大阪がほんとうに自ら変われると、大阪市民のみなさんが大阪が変わるために動いてくださると信じています」

街宣車の上からゆっくりと四方を見回し、何度も白い歯をのぞかせる。そのたびに拍手と歓声が起こった。

これまで数々見てきた彼の演説の中で一番よかった、と在阪局のベテラン市政記者は言う。

「負けるかもと覚悟して、最後ぐらいはきちんと訴えようと思ったのか、落ち着いてほんとうに言いたいことを正攻法で訴えていたのが強く印象に残っています。納税者の手に税金を取り戻すという、あの初志を彼は訴え続けていればよかったんです」

府庁時代から橋下を見てきたこの記者は、この7年半をこう評価する。

「いろいろぶち上げてきたけど、どれも中途半端に終わっているのは、あちこちに敵を作りすぎたから。その結果、最大の目標だった都構想もできなくなってしまった。そして、急ぎ過ぎた。普通の政治家は、大きな目標を掲げたら2期、3期と時間をかけて積み上げるもの。だが、彼はそれをやらなかった。できなかった、という方が正しいかもしれない。性格的にね。その意味で、自分はワンポイントリリーフだという彼の自己評価は正しい。長くやる人じゃないでしょう」

強過ぎた市役所の職員労組を抑え込んだことなどは、彼にしかできない〝ショック療法〟だったとしつつ、最後にこう付け加えた。

「だけど、彼が政治家になった7年半で、ずいぶん荒っぽい言葉が社会に蔓延するようになった。それまではネットの中にとどまっていた攻撃的で排他的、汚い言葉遣いで誰かを罵るような人が増えた。彼の悪影響は大きいと思います。しかし、彼だけのせいでもない。そういう言葉が求められ、受け入れられる時代なんでしょう。もし彼が出てこなくても、誰かがその役割を果たしたと僕は思います」

同じことを別の局のキャスターは言った。

「これまであまり顧みられなかった地方自治に大阪の人たちの目を向け、もっと真剣に考えようと促したのは彼だからできたことだと思う。だけど、彼がやってきたことを全部足せばマイナスになるでしょうね。いちばん深刻なのは、言論を劣化させたこと。意見や立場の違う人間を徹底的に攻め、論破し、黙らせたら勝ちという価値観を広めてしまった。民主主義の劣化と言ってもいい。メディアの人間として悔しいのは、それに付き合わされたこと」

このキャスターは大阪都構想に賛成ではないが、強く反対と思っていたわけでもないという。仮にそれが実現していても、それですぐに大阪が破綻する、市民生活に大きく影響するというようなことはなかったのではないか、と。

「大変革をしてやるほどのメリットもないだろうとは思いますけど、まあ制度ですからね。うまく運用すれば、あれが機能する世界というのもあるかもしれないし、住民が望むのなら仕方ない。それよりも僕が懸念していたのは、都構想が可決されることによって、橋下氏や維新が勢いを増し、今の右傾化と言われる日本社会の流れが強まっていくこと。たとえば、これをステップに憲法改正へ突き進むようなことになるとまずいな、と。社会のあり方にしても、自治より中央統制型だ、公共の福祉よりも統治だというような、上から目線の橋下氏的価値観が広まると、これはよくないなと思いました。だから、反対多数と聞いた時の正直な気持ちは『これで終わってくれたら……』でしたね」

もう一人、別の局のデスクの弁。彼は、橋下のいた7年半はテレビの分岐点だったと感じている。そして、踏ん張り切れずに敗北感を味わっている、と。

「彼の詭弁や悪口雑言を聞いていると、『邪《よこしま》』という言葉が浮かぶんです。それが彼の性《さが》なんだろうと。だけど、かつて現場で取材していた私も含めて、メディアはそれに気づけなかった。従来のわかりやすい右・左の枠組みに収まらない、大衆の側に立った正論を述べることもあったからです。ようやく気づいた時には、もう反論できなくなっていた。それは、府知事時代初期の関係が良好だったイメージが残っていたのもあるし、彼の攻撃を無意識に避けようとした面もあるかもしれない。

一番大きかったのは『橋下ならそれぐらい言うだろ』『いちいち相手にせず放っておけ』と、彼のキャラクターの問題にして、きちんと批判してこなかったことだと思う。そこを彼に見透かされ、テレビの力をあらぬ方向に使われてしまった。テレビは橋下現象の共犯だと言われますが、それは積極的に加担したというより、不作為によって共犯になったというのが、最も正しいような気がします」

「では、今後何が必要だと思いますか」と私は訊いてみた。
「情けない話ですが……」とデスクは言った。「正直わからない。テレビを変えていく処方箋はまだ見つかっていません」

「普通の会社」になったマスメディア

私が、橋下徹と在阪メディアの関係を検証する取材を始めた経緯は第4章に詳述した。その中で触れた元『噂の真相』副編集長の川端幹人は、著書『タブーの正体!』において、メディアの中でジャーナリズム意識が薄れ、市場原理に飲み込まれて「普通の会社」になってしまった状況を指摘している。

分岐点は2000年前後。新聞・テレビ・出版各社は申し合わせたように「企業としての生き残り」を掲げ、経済効率や収益性を優先させ始めたという。人員削減、組織のスリム化と分社化、コスト意識の徹底、能力給重視の人事制度、不動産や通信販売・流通サービスなど事業の多角化……。そうして「普通の会社」になった結果、上層部が取材や記事を止めようとしても現場は抵抗せず、議論もなく自主規制を受け入れ、報道を取りやめてしまうようになった、と。

〈いや、会社の命令に唯々諾々と従うだけならまだいい。ほとんどのケースではストップをかけられる前に、現場の記者が「こんなネタ、どうせうちではできない」「こんなネタを出したら、空気が読めないヤツといわれてしまう」と、率先して自主規制している。

自主規制を命じる側も同様だ。以前は嘘だとわかっていても、「取材が足りない」「公正さの担保がない」などといった大義名分を並べたものだが、最近は「広告主だからダメ」とか「あの政治家はうるさいからやめとけ」とか、何のうしろめたさもなく露骨に本音をいうようになった。要するに、タブー化の過程で、葛藤や呵責というものがまったくなくなってしまったのだ〉

住民投票の結果が出て4か月あまり経った頃、再び川端に会った。彼は、私が以前取材した後の2014年7月にニュースサイト『リテラ』の開設に参加。古巣の『噂の真相』を引き継ぐように、かなり激しい左派の論調で、政権と政治家、歴史修正主義やネット右翼、それにマスメディアや芸能界に至るまで批判を繰り広げている。

「『普通の会社』というのは誇張表現じゃなくて、1999年に朝日新聞で経済部出身の箱島信一が社長になった時、就任挨拶の中でほんとうに『これからは朝日も普通の会社になろう』って言ったんだよ。他の新聞社も同じで、だいたいその頃から、コスト意識とか能力主義とかいう単語をやたら叫ぶようになった。で、それと軌を一にするように、メディア企業の中に優秀な官僚みたいな社員が増えていった。まあ、マスコミも遅ればせながら、市場原理主義やグローバリズムに呑み込まれ始めたということだろうね。でも、コストだ、コンプライアンスだ、みたいなことばかり言ってたら、リスクのある報道なんてできない。お行儀のいい、権力と衝突しない取材しかできなくなる。それじゃあ橋下みたいな手強い人間にはとても勝てないと思うよ。

エリートって基本的に小器用で、周りの空気への順応性が高いじゃない。だから財務省の記者クラブ詰めになったら財務省の論理を身にまとうようになるし、政治家の番記者になれば、その代弁者みたいになっちゃう。あるいは、スキャンダルや不祥事が発覚しても、相手が強ければ沈黙してしまうけど、相手が弱くて、叩いても大丈夫だと判断すれば、嵩にかかって責め立てるんだよ。たとえば、菅官房長官に日歯連の疑惑が浮上しても『事実無根』と否定されただけで、一切報道しなくなってしまうのに、辻元清美に秘書給与問題（２００２年）が浮上した時なんかは、それこそ会見でリンチのように責め立ててたわけでしょう」

中島岳志が指摘した「多数者の専制」の話を私は思い出した。いつの頃からか、取材現場でもそれが強まっているのだ。都構想をめぐる在阪メディアの報道状況を説明すると、川端はこんなふうに評した。

「橋下の会見でも、ちゃんとまっとうな指摘や批判ができる記者もわずかながらいるという話だけど、それはごく一部でしょう。そういう人の存在は貴重だけど、結局、全体の中では跳ね上がり扱いしかされない。問題は大多数の、横目で空気を読んでる連中なんだよ。彼らがタチが悪いのは、実際は強い相手に腰が引けて丸め込まれているだけなのに、自分を正当化するために『批判するなら対案を』みたいな主張を始めること。で、メディア全体がどんどん、対案がないと批判しちゃいけないような空気になっていく。それって橋下の言い分そのままだよね。ほんとうなら、都構想にしても安保法制にしても、批判するのに対案なんて必要なくて、『これこれこういう問題点があるから不要です。以上』でいいわけだよ。でも、それができない。賛成派も反対派も橋下の作った土俵の上に乗らざるを得なくなってしまう。『アジェンダ・セッティングの罠』って僕は呼んでるんだけど、その罠に簡単に絡め取られてしまうんだよね。特に若い記者にその傾向が強い気がするね」

最近の若い記者はとても器用でスマートに仕事をこなすという話は、今回の取材で出会ったメディア関係者に限らずよく聞く。ネットやデータベースを駆使して情報を集め、データ整理も手早く的確だ。トリテキや録音の書き起こしも正確で早い。ツールが日々進化している分、私などが駆け出し記者だった20年前と比べれば、「情報」を扱う手つきは格段に洗練されている。だがその一方で、取材先でも社内でも衝突を嫌うから主張が見えない。決められた仕事をソツなくやるが、こだわりがない。そもそも問題意識がないから言われたことしかできない、といった話もよく耳にする。

私が会見などに足を運んで気になっていたのは、橋下を囲む若い記者たちの顔ぶれが半年や1年でコロコロ変わっていくことである。会社の人事の都合なのだろうが、それほど重要な取材対象と見なしているなら、何年もかけて彼をウォッチする専門記者のような存在がもっといてもいい。彼と同年代以上のキャリアを積んだ記者が増えれば、橋下に「勉強不足」「もっと調べてから来い」などと言わせるようなことは、もう少し減ったのではないか。

川端の言う「普通の会社」化した――ジャーナリズムよりも経営や効率、組織の管理を優先する――メディア企業の現状は、こういうところにも表れているのかもしれない。

橋下徹とは何者だったのか

前述のようなメディア状況の中で政治家・橋下徹は登場してきた。

在阪メディアにとって、当初は身内であり、同志であり、得難い取材対象であり、おいしいコンテンツであった橋下は、しかし、やがて大きな脅威となっていく。なぜなら、すでに何度か書いてきた通り、彼自身がメディアだったからだ。どの新聞やテレビよりも大衆の気分と欲望を感知する能力に長け、感情に訴えるわかりやすく強い言葉を持ち、世論を喚起する訴求力を備えた〝人間メディア〟たる橋下は、世の中に鬱積していたマスメディア不信をバックに、鋭い刃を向けてきた。

なぜマスコミだけが情報を独占し、報道や言論の自由で守られるのか。なぜ彼らだけが社会の代表のような顔をしてきれいごとを語り、批判してばかりいて許されるのか。なぜ選挙で信託を受けたわけでもない記者ごときが高い給料をもらい、社旗を立てたハイヤーを乗り回し、政治家や権力者に伍してえらそうにこの国を語るのか――。

「何様のつもりか」「選挙に通ってから言え」と橋下がメディアに食ってかかる言葉は、そうした大衆の気分を見事に代弁していた。それは、既得権益への反感であると同時に、既存メディアが標榜してきた民主主義への懐疑と批判でもあった。きれいごとの建前なんかいらない。したり顔の論評や解説も、まどろっこしい議論もいらない。やるかたない不満を一時的にでも解消するバッシングの相手と断罪の言葉があればいい、というような。

大衆のルサンチマンを凝縮した言葉を橋下にぶつけられたマスメディアは戸惑い、立ちすくんだ。なぜなら、彼の主張や振る舞いはまさに自分たちが数十年にわたって唱え、社会に広めてきた価値観と言葉をそのままトレースしていたからだ。

漸進的な改善策や定常型の社会よりも、新しく大胆な「改革」や「変化」を良きものと持て囃す。「納税者」というより「消費者」的な損得勘定で、行財政コストや公務員数の削減を迫る。公的セクターが担ってきたサービスを市場化・民営化し、自由競争にさらせば値段は安く質は高くなると単純に考える。そして、市場で勝ち残った物だけに価値を認める。スピードと効率を重視し、そのため政治家に強いリーダーシップを求める。

これら新自由主義的な改革志向に加えて、言論や報道の手法の問題も大きい。「改革派」「抵抗勢力」といったレッテルを貼ってバトルを煽る。「激論」「徹底討論」などと称して、声の大きい者がその場を制することをよしとする。極論や暴論であっても、わかりやすい断言や直言を面白がる。物事を単純化し、善悪や白黒の結論を急ぐ。目先の話題やニュースを競って追いかけるが、立ち止まったり、振り返ったりして検証することがない。

どれも小泉ブームの当時から漠然と社会を覆っていた空気だが、橋下はその主張と手法をより確信的に、より先鋭化させて大阪に持ち込んだ。そして、「改革」という名の破壊を性急に推し進めようとした。それに賛成するか反対するか二者択一を迫り、大阪の人びとを分断した。

マスメディアは歯止めをかけられないばかりか、流れに掉さした。「今」を追うことだけに汲々とし、自らの報道姿勢を問うことをやめ、効率とわかりやすさに身を委ねるうち、最も大切にするべき「言葉」を橋下に乗っ取られてしまったからだ。とりわけテレビの罪は重いと私は思っている。私は橋下と同い年だが、少なくともこの四半世紀、テレビに映るニュースやバラエティー番組は、先に列挙したような価値観と言論を強める一方だったという印象がある。

橋下を「テレビ政治家」「テレビの申し子」だと私が言うのは、彼がテレビで名を売り、テレビを利用して政治を動かしてきたからばかりではない。テレビ的な価値観と言論を誰よりも深く内面化した人物だと思うからだ。彼が府知事時代に「府民は視聴者だと考えていた」と語ったのは、比喩でも誇張でもなく、偽らざる本音だろう。

橋下徹という政治家は、現代のメディアと大衆が生んだ「必然」であった。決して大阪の8年間だけで終わる話ではない。仮に、橋下がほんとうに政治の表舞台から去ったとしても、その土壌は分厚い層となってこの社会を覆ったままだ。

メディアが自らの行ってきた報道を掘り起こし、検証し、ジャーナリズムの精神を取り戻さなければ、「橋下的なるもの」は何度でも生まれてくるだろう。

エピローグ　「言論の自由」の意味を取り戻すために

今から14年前、2001年7月のことだ。小泉政権が発足して初めての国政選挙である参院選と兵庫県知事選の同日選挙があった。当時、神戸新聞の社会部で兵庫県庁担当だった私は、キャップの補佐的な立場ながら自民党を担当し、県内選出の参議院議員・鴻池祥肇――先の平和安全法制委員会の委員長として久しぶりに名前を見た――の選挙戦を取材した。

新聞社にとって、選挙取材は命と言っていいほど重視される。この時は小泉ブームで勢いに乗る自民党が社会的に大きな注目を浴びており、かつ、知事選では、震災復興を指揮して県内では存在感のあった貝原俊民の後釜が決まるということで、いつも以上に社内的には盛り上がっていたと思う。私は、自民党県連の幹部や鴻池陣営の取材をしながら、他党や他候補を担当する記者から原稿や情報メモを集め、選挙情勢や各陣営の動きを伝える記事を書く役回りも担ったりした。その選挙までの数か月間は、新聞社という組織にあまりなじめなかった自分が唯一、いかにも新聞らしい仕事をした期間だったかもしれない。毎日なにかと忙しかったし、「忙しくしている」ことによる高揚感もあった。

しかし一方で、各陣営の動きを10行なら10行と公平に行数を揃え、「改革を訴えた」「街頭で声をからした」といった常套句でつないで記事をまとめたり、政局の構図解説や情勢分析、各党の戦略などをいかにもわかったふうに書いたりすることに内心の抵抗もあった。こんな記事で何が伝わるのか、「選挙報道に力を入れている」というアリバイ作りの紙面に過ぎないじゃないか、という疑問が日に日に膨らんでいった。

選挙が終わり、「今回の選挙報道を振り返って反省点や今後への提案を書け」と部内アンケートが回ってきたので、思うところを正直に書いた。有権者に判断材料を提供する選挙報道の重要性は理解している。でも、十年一日のごとく、紋切り型の記事を書いていていいのだろうか。読むのは選挙の関係者だけじゃないのか。視点や切り口、伝える内容や伝え方をもっと工夫するべきだし、そのためにもっと考え、話し合うべきだと思う、というようなことを。

だが、私は空気が読めていなかったようだ。選挙担当記者を集めた打ち上げの席で、当時の部長は、日夜駆け回った記者たちを「ご苦労だった」と労いつつ、「一人だけ、選挙報道が無駄だったなどとバカなことを書いたやつがいたが」と、私に視線を向けて言った。

ああ……と、遅まきながら気づいた。よりよい記事を書こう、もっと考えようという提案は、新聞社の管理職にとって「批判」になるのだ。長年繰り返してきた選挙報道の定型と、記事の量さえ満たせば質はどうでもいいのだ。変わろうという意志もないのだな、と。その失望が、新聞社を辞める一つの大きな原因になった。

別に私がいた会社だけではない。この橋下報道検証の取材をする中で、マスメディア関係者に「今さらそんな青臭い話をしてどうなるんだ」と冷ややかに言われたり、「これだけ世間が注目する政治家を取材しないわけにいかないだろう」と趣旨を曲解されたりすることも少なくなかった。取材をするな、などと私は言っていない。当然だ。取材をしない記者など存在理由がない。取材対象である権力者とどう向き合うか、取材したことをどう伝えるのか、そこをもっと考えるべきなのでは、ということを問うていたつもりだ。

第3章に書いた朝日新聞労組のシンポジウムで稲垣えみ子が語っていたように、メディアの取材手法や言葉が定型に縛られて「伝統芸能」化し、形骸化しているという実感が、私にもあった。そこを橋下徹という政治家は突いてきたのだと思う。

彼の言う「民主主義」、彼の言う「言論の自由」、彼の言う「フェア」、彼の言う「改革」、彼の言う「地域主権・地方分権」……。橋下は、マスメディアが食いつき、賛同しないわけにはいかない言葉を掲げながら、メディアが機械的に唱えるうちに空洞化してしまったその言葉の意味を、自らに都合よくねじ曲げて声高に主張する。そこが、これまでの政治家にはなかった新しさであり、恐ろしさなのだ。

同じシンポで、ジャーナリストの安田浩一は、在特会のようなレイシストたちが「表現の自由」や「デモする権利」を訴えてくることに対応する言葉がないのが悔しい、と語っている。「表現の自由」という言葉をわれわれはレイシストに奪われてしまった、それじゃだめなんだ、と。同じ思いを、私は橋下に対して抱く。

「権力監視がメディアの仕事」ともっともらしく説きながら、批判されれば恫喝や責任転嫁で逃げ、「言論の自由が民主主義の根幹」と言いながら、メディアに圧力をかけて平然としている。そんな人物に「言論の自由」や「民主主義」という言葉を奪われてはならない。自分たちの側に取り戻すために、その意味を問い、考え続けなければならない。

と、そういう話をしていると、次に出てくるのがシニシズム（冷笑主義）だ。

第2章に掲載した橋下の府財政「改革」検証記事をネットメディアに書いた時、気鋭の研究者とされる行政学者の反応が目に留まった。彼はツイッターにこう書いていた。

〈「破産会社」が「優良会社」に、って表現もアレだけど、こういうネットから拾ってきたっぽいフォーマットに沿った批判ももうなあ〉

記事を正面から批判するならいい。学者として立場が違うというなら、そう言えばいい。しかし、自分はとっくにそんなこと知っている、今さらそんなこと書いてどうする、とあざ笑うような態度を取ってどうなるというのだろう。橋下が府知事としての実績を誇大に語って市長に鞍替えしようかというタイミングで府財政の実態を検証しておくのは、それほどおかしなことだろうか。府が公開しているデータの検証だから、当然ネット上にも数字はある。こちらは、それをもとに複数の行政関係者に取材して記事を書いたのだが、彼は「ネットから拾ってきたっぽい」と決めつけていた。お手軽なネット記事を揶揄したつもりのこのツイート自体が、「アレだけど」「批判ももうなあ」とネット的言い回しそのもので書かれているのは、なんという皮肉だろう。

こんなふうに「知識人」と自らを任ずる者の冷笑的態度が、橋下の存在を肥大化させたもう一つの原因だと私は思っている。

橋下徹とメディアの関係をテーマに取材を始めて2年半ほどの間に、在阪を中心に新聞社・通信社5社、テレビ・ラジオ局6社、その他、制作会社やネットメディア、フリーランスなどを合わせて計40人ほどのメディア関係者から話を聞くことができた。依頼したのはその2倍、80人を超えていると思う。自分の会社や仲間、もしかしたら自分自身への批判につながるかもしれない取材に真摯に応じてくれた方々には感謝を申し上げたい。

だが、本文を読んでいただければわかる通り、フリーや組織のトップ以外は、個人名はもちろん、社名も控えてほしいという人がほとんどだった。中には匿名・社名なしの発言すら「特定される」と削除を求められたこともある。マスメディア企業にはそんなに個人の発言の自由がないのか。あるいは、それほど橋下の批判がしにくくなっているのか。少し複雑で、残念な気持ちになったのも事実である。

この本を書いているさなかの9月下旬、毎日放送（MBS）で興味深いドキュメンタリー番組を見た。『なぜペンをとるのか～沖縄の新聞記者たち』。自民党の勉強会で作家の百田尚樹が「沖縄の二紙はつぶさなあかん」と暴言を吐いたことをきっかけに、琉球新報の記者たちに1か月間密着し、日々の取材と紙面づくりを追っていた。

辺野古への基地移設に抗議する市民たちを取材中、機動隊に暴力で排除された若手記者。訓練や事故の情報を一切出さない米軍を相手に、針で穴を開けるように取材していく基地担当記者。沖縄防衛局長が発した暴言に憤りを抑えきれず、オフレコを破って報じた記者。「これを伝えなければ読者への背信行為になる」とゴーサインを出した編集局次長。

こう書けば、「反権力を貫くためにまなじりを決して闘っている」ようなイメージを抱かれるかもしれない。だが、彼らの実感はそうではない。政治部長がこんなことを語る。

「当たり前のことを当たり前に取材して、大事だなと思うことを記事にしているだけなんですけどね。でもそれが全国から見ると、特異に見えたり、激しく見えたり、先鋭化してるなんて言われたり……。いや、そんなことない。普通の日常的なできごとを取材しているだけです」
沖縄に暮らし、基地を目の当たりにしていると、当然抱く疑問。それを報じるだけで政府に敵視され、「偏向報道」と言われ、同業の全国メディアからさえ、「取材相手との信頼を損ねる」と冷ややかに見られる。沖縄の記者たちも日々迷い、悩む。しかし最終的には「何のために仕事をしているのか、なんで記者をやっているのか」という原点に彼らは立ち戻る。故郷を二度と戦争の島にしてはならない、という当たり前の言論活動をするためじゃないのか――。

番組のディレクターは斉加尚代。第3章に書いた橋下の囲み取材で〝吊るし上げ〟に遭ってもひるまなかったMBSの女性記者である。ドキュメンタリー制作部門へ異動になり、最初に撮ったのがこの作品だったという。彼女もまた、すべてのメディアに問いかけているのではないか。

何のために仕事をしているのか、なんで記者をやっているのか、と。

時代や政治状況がどのように移り変わろうと、メディアの形態や情報伝達のスピードがいかに進化しようと、その問いへの答えは変わらないはずである。

本書は、現代ビジネスやG2などに書いた記事を核に、これまで活かしきれなかった取材や新たな証言を加えて、橋下徹とメディアの8年間を検証したものだが、動き出しが遅く、私の筆も遅く、関係者には多大な迷惑をかけた。それでも快く出版を引き受けてくれた青木雅幸さんをはじめとする140Bの方々、それに、編集者としてさまざまなアドバイスをいただいたサウダージ・ブックスの浅野卓夫さんにあらためて感謝を申し上げたい。

引用文献（本文に登場順）

萩元晴彦、村木良彦、今野勉『お前はただの現在にすぎない　テレビになにが可能か』（朝日文庫、２００８年）
『Ｊｏｕｒｎａｌｉｓｍ』特集「橋下現象」をどう報ずるか（朝日新聞社、２０１２年７月号）
産経新聞大阪本社社会部取材班『橋下徹研究』（産経新聞出版、２００９年）
内田樹、平松邦夫他『おせっかい教育論』（１４０Ｂ、２０１０年）
読売新聞大阪本社社会部『橋下劇場』（中央公論新社、２０１２年）
『月刊民放』特集・地方自治と地域メディア（日本民間放送連盟、２０１１年７月号）
『週刊朝日』（朝日新聞出版、２０１２年10月26日号）
橋下徹『まっとう勝負！』（小学館、２００６年）
『新潮45』特集・続「最も危険な政治家」橋下徹研究（新潮社、２０１１年12月号）
内田樹、中島岳志他『脱グローバル論　日本の未来のつくりかた』（講談社、２０１３年）
吉富有治『橋下徹　改革者か壊し屋か　大阪都構想のゆくえ』（中公新書ラクレ、２０１１年）
川端幹人『タブーの正体！　マスコミが「あのこと」に触れない理由』（ちくま新書、２０１２年）
竹山修身『訣別　橋下維新を破った男』（ＫＡＤＯＫＡＷＡ、２０１４年）
中島岳志『「リベラル保守」宣言』（新潮社、２０１３年）
トクヴィル『アメリカのデモクラシー　第一巻（下）』（岩波文庫、２００５年）
藤井聡『大阪都構想が日本を破壊する』（文春新書、２０１５年）
『週刊新潮』（新潮社、２０１５年３月12日号）
『新潮45』特集「大阪都構想」の大嘘（新潮社、２０１５年５月号）
橋下徹『最後に思わずＹＥＳと言わせる最強の交渉術』（日本文芸社、２００３年）

参考文献

一ノ宮美成＋グループ・K21『橋下「大阪維新」の嘘』（宝島SUGOI文庫、２０１２年）
上山信一『大阪維新　橋下改革が日本を変える』（角川SSC新書、２０１０年）
大阪府議会議員 中村哲之助『橋下&維新　大阪府・大阪市関連　政局一覧（２０１５・08・略年表）』（２０１５年）
角岡伸彦、西岡研介他『百田尚樹「殉愛」の真実』（宝島社、２０１５年）
木原敬介『我、知事に敗れたり　二〇〇九年九月堺市長選』（論創社、２０１０年）
倉田薫『拝啓　大阪府知事橋下徹様』（情報センター出版局、２０１１年）
産経新聞大阪社会部『橋下語録』（産経新聞出版、２０１２年）
中岡成文『ハーバーマス　コミュニケーション行為』（講談社、２００３年）
中野晃一『右傾化する日本政治』（岩波新書、２０１５年）
橋下徹『どうして君は友だちがいないのか』（河出書房新社、２００７年）
藤井聡『〈凡庸〉という悪魔　21世紀の全体主義』（晶文社、２０１５年）
吉田徹『ポピュリズムを考える　民主主義への再入門』（ＮＨＫブックス、２０１１年）
吉富有治『大阪破産からの再生』（講談社、２０１３年）
読売新聞大阪本社社会部『徹底検証「橋下主義」』（梧桐書院、２００９年）

その他、朝日、毎日、読売、産経の新聞各紙の大阪本社版、しんぶん赤旗、大阪府・大阪市のホームページ、大阪維新の会ホームページなどを引用・参照した。

年表「橋下徹とメディアと大阪都構想」

2007（平成19）年
12月12日　大阪府知事選に出馬表明。1週間前には「2万%ない」と否定していた。
2008（平成20）年
1月27日　大阪府知事選で当選。
2月6日　知事に就任し、「財政非常事態宣言」を発表。「職員は破産会社の従業員」と述べる。
10月19日　テレビ発言を批判する朝日新聞社説（弁護士資格を返上しては）に対し、陸上自衛隊の式典で「朝日新聞のような大人が増えれば日本はダメになる」と批判。
2009（平成21）年
9月27日　堺市長選で応援した前府政策企画部長の竹山修身が当選。
10月26日　府庁のWTC移転問題をめぐり、松井一郎府議ら5人が自民会派離団を表明。
2010（平成22）年
1月12日　公明党大阪府本部の新春互礼会で「大阪都構想」を初めて語る。
4月19日　地域政党・大阪維新の会が発足。代表に就く。
2011（平成23）年
2月1日　ツイッターを始める。
4月10日　統一地方選。大阪維新の会は府議会で単独過半数、大阪・堺両市議会で第1党に。
8月23日　島田紳助が暴力団との交際により引退を表明。翌日、「今の僕があるのは紳助さんのおかげ」と語る。
10月22日　11月27日の大阪市長選への出馬を表明。府知事選候補は松井府議に。
10月31日　任期を約3か月残し、府知事を退任。職員に「みなさんは優良会社の従業員」と述べる。
11月27日　ダブル選挙で大阪市長に当選。大阪府知事に松井が当選。
12月19日　大阪市長に就任。記者会見で「決定できる民主主義」を掲げ、区長公募などを発表。
12月27日　府市統合本部を設置し（本部長＝松井知事、副本部長＝橋下市長）、第1回会議。
2012（平成24）年
5月31日　猛反発していた大飯原発の再稼働を事実上容認する発言。
9月9日　維新の会の国政進出が決まり、合流を希望する松野頼久（民主党）ら衆参7人の国会議員が公開討論会。事実上の「お見合い」に400人以上の報道陣が殺到。
9月12日　大阪維新の会パーティーで、国政政党「日本維新の会」設立を宣言。
10月17日　週刊朝日の連載「ハシシタ」を批判。朝日新聞の取材を拒否。
12月16日　総選挙で自民が圧勝。日本維新の会は54議席で第3党に躍進。
2013（平成25）年
5月13日　「従軍慰安婦は当時必要だった」と述べ、GWには米軍普天間飛行場で海兵隊司令官に風俗活用を提案したと明かす。翌日から、慰安婦発言は「誤報」とメディア批判。

7月21日 参議院選挙。維新は改選議席を上回ったが伸び悩む。自民が65議席で圧勝。
9月29日 堺市長選。現職・竹山に維新の西林克敏が完敗。都構想への堺市参加がなくなる。
10月1日 前年の大阪市長選に絡み、「市交通局労働組合が平松邦夫前市長に協力するよう職員を脅した」と報じた朝日放送に対し、BPOが「放送倫理上の重大な問題があった」と勧告。内部告発者が資料を捏造していた。
10月15日 テレビ各局がカメラを出していた市役所の囲み取材が、代表撮影となる。

2014（平成26）年

1月8日 やしきたかじんの死去（3日）について囲みで問われ、「38歳で知事になれたのも、たかじんさんのおかげ」と涙を見せる。
2月3日 市長を辞職して出直し選挙を行うことを正式表明。「再選されれば、都構想反対の自民・民主・共産の府議を法定協から排除する」と公約。
3月13日 出自に関する記事で名誉を傷つけられたと、朝日新聞出版・新潮社・文芸春秋の3社を提訴していたことが報道される。
3月23日 出直し選挙で当選。23・59％と記録的な低投票率だった。
6月27日 府議会の議会運営委員会で、法定協委員の維新議員への入れ替えが強行される。
7月4日 大阪市議会の野党4会派が、6月29日の読売テレビ「たかじんのそこまで言って委員会」が「一方的に橋下市長の主張を流し続けた」として、BPOに調査を求める。
7月23日 第17回法定協が開かれ、維新単独で特別区設置協定書を決定。
9月21日 日本維新の会と結いの党が合流した「維新の党」が結党大会。
10月20日 「在日特権を許さない市民の会」会長とヘイトスピーチをめぐる「意見交換」。罵倒合戦に市民から苦情多数。これに対し、「言葉遣いがダメなら僕を落選させればいい」と語る。
10月27日 大阪府・市の両議会は、大阪都構想（特別区設置協定書案）を否決。
12月26日 「公明党が一転して都構想の住民投票に賛成」との報道。

2015（平成27）年

1月20日 市役所幹部会議で「市職員が都構想の取材に自らの考えを述べてはならない」と指示。
3月5日 都構想を批判している京都大学大学院の藤井聡教授を出演させないよう維新の党が在阪テレビ各局に文書を送っていたことが発覚。
3月13日 協定書案が市議会で可決。17日には府議会で可決。5月17日の住民投票が決まる。
4月12日 統一地方選。大阪府・大阪市・堺市のいずれも大阪維新が第1党に。
5月7日 「住民投票で否決されれば都構想は終了。再チャレンジはない」と記者会見で語る。
5月17日 住民投票で特別区設置協定書に反対多数。都構想が否決され、「政治家は終了」と引退表明。
6月10日 自民党から提案されていた大阪戦略調整会議（大阪会議）設置条例案が大阪市議会で可決。その後、府議会、堺市議会でも相次いで可決。維新も賛成した。
7月24日 大阪会議の初会合。維新側が「都構想の対案と明記せよ」と求めて紛糾。終了後、「大阪ポンコツ会議」などと批判。
8月27日 松井とともに維新の党を離党。
10月1日 新党「おおさか維新の会」の結党を発表。11月の府知事選に松井、市長選に吉村洋文を擁立すると正式発表。
10月16日 大阪維新の会が、京大・藤井教授が出演する朝日放送「おはようコールABC」などを中立に反するとしてBPOに申し立て。
11月5日 府知事選告示。市長選は8日告示。
11月22日 大阪府知事選・市長選投開票。

松本 創
まつもと はじむ

1970年、大阪府生まれ。神戸新聞記者を経て、現在はフリーランスのライター・編集者。関西を拠点に、政治・行政、都市や文化などをテーマに取材し、人物ルポやインタビュー、コラムなどを執筆している。本書で2016年度「日本ジャーナリスト会議(JCJ)賞」、『軌道 福知山線脱線事故 JR西日本を変えた闘い』（東洋経済新報社）で第41回「講談社 本田靖春ノンフィクション賞」受賞。その他の著作に『日本人のひたむきな生き方』（講談社）、共著に『ふたつの震災』（講談社）、『緊急検証 大阪市がなくなる』（140B）、取材・構成に『生きるためのサッカー』（ネルソン松原・著／サウダージ・ブックス）など。

誰が「橋下徹」をつくったか
——大阪都構想とメディアの迷走

2015年11月25日　初版第一刷発行
2015年12月11日　初版第二刷発行
2020年10月14日　初版第三刷発行

著　　者　松本 創
発 行 人　中島 淳
発　　行　株式会社140B（イチヨンマルビー）
〒530-0047 大阪市北区西天満2-6-8 堂島ビルヂング602
電話 06-6484-9677
振替 00990-5-299267
http://www.140b.jp
装　　幀　川邉 雄（RLL）
印刷・製本　モリモト印刷株式会社
ISBN 978-4-903993-23-2